スモール イズ ビューティフル再論

E. F. シューマッハー
酒井　懋 訳

講談社学術文庫

Photo © Sophie Baker

E. F. シューマッハー

謝　辞

ヴレーナ・シューマッハー夫人が、亡くなられたご主人の論文をわれわれがここに集めて刊行するのを許してくださったご親切にお礼申しあげたい。

「リサージェンス」誌に発表されたE・F・シューマッハーの三十五編の論文は以下の通りで、括弧で括ったものは本書にはいっていない。（これは巻末に掲げた――訳者）

まえがき

一九六八年、私はシューマッハーの仏教経済学に関する論文を読みおわった後、彼に面会した。欧米の経済学者の論文でこんなに感動を受けたのは前にも後にもないことだった。そこには英知と理性の統一された声があった。この論文を読んで即座に私は彼に電話をいれた。「英国石炭公社の私の事務所においでください。昼食をご一緒しましょう」との答え。イタリアレストランに案内され、食事をともにして二時間語り合った。たちまちにして意気投合し、それが彼の没後も続くご縁の始まりであった。

一九七三年に「リサージェンス」誌の編集を引き継いだとき、私はシューマッハーをサリーのケーテラムの家に訪ねた。ジョン・パップワースが編集長の時代に彼は「リサージェンス」に時折寄稿してはいたが、私としては毎号寄稿してくれるよう説得したかった。仕事の打ち合わせがすむと、彼は私を案内して庭と家の中を見せてくれた。彼は適正技術の一例としてモーター付きの手押し車に至極満足していた。「僕のように年とってくると、なにか動力付きの道具が要《い》る。ただし、技術に頼って人力の投入をやめてはいけない——というより、技術の役目は人力を助けることなのだ」と彼はいった。彼は庭に四十本の樹を植えたばかりで、それをとても自慢にしていた。「植林と森林農業が人類の未来と地球の健康をまもるただ一つの途《みち》だ」というのである。

家の中にもどって、手動の粉挽き器を見せてくれた。それには自家用に麦を挽いて粉にする二個の石臼《いしうす》がついていた。「これこそ僕の自慢の種、悦びなのです。サム・メイヨールの有機農場から直接買った麦を挽いて、毎週家族のためにパンを焼くんですよ。挽きたての新鮮な粉で焼いたパンは、他のパンより断然上等ですからね。栄養たっぷりのパンがほしかったら、自分で粉を挽かなくちゃいけない。大抵の人は紙ナプキンよりちょっと栄養のましなパンを食べているのです」と彼はいった。

彼は、日常生活を変えた自分の決定に、自ら統計局長をつとめる英国石炭公社に対する政策提言に劣らない重要性があると信じていた。

シューマッハーと話していると、私には大人物と一緒にいるという実感があった。定説を乗り越えて真理を見ることができる人間なのである。「どんな阿呆でも物事を複雑にすることはできるが、単純化するには天才が要る」と、生活をいたずらに複雑にする、この高度技術社会への不満を漏らした。

彼はイギリス政府の命でビルマ政府に助言するために派遣された。「ラングーンに着いて二、三週間経ち、いくつかの村や町を訪ね歩いてみて、ビルマ人が自分のような欧米の経済学者からの助言をほとんど必要としていないと悟りました。実は、われわれ欧米の経済学者にはビルマ人から学べるものがあります。ビルマ人は高度に発達した宗教と文化をささえる完璧な経済制度をもっているし、自分たちを養うに足りる米だけでなく、インド市場向けの余剰米ももっています」と彼は当時を想起しながら語った。

「私がビルマでの所見を仏教経済学という題をつけて発表すると、多くの経済学者仲間がいったものです。『シューマッハーさん、経済学と仏教とどんな関係があるんですか』。私の答えは、仏教抜きの経済学は愛のないセックスです、という一言でした。『精神性を欠いた経済学は一時的な物的満足をあたえるだけで、内的な達成感はあたえません。精神的な経済学は、サービスと同情と人との絆《きずな》というものを利潤や効率と並んではたらかせます。両方とも必要で、切りはなせません」

彼はこれら二つの言葉——仏教と経済学——をあえて結びつけた欧米経済学者の先駆者であった。これは勇気のある行動だった。仲間の経済学者たちが彼を変わり者と呼ぶと、シューマッハーはユーモアの感覚で応じ、「変わり者のどこが悪いのだろうか。変わり者とは革命を起こす機械の部品で、それはとても小さい。私はその小さな革命家だ。それは褒め言葉なのだ」といった。

彼が中間技術の考えを得たのはビルマにおいてであった。「仏陀《ぶつだ》は中道の価値を説いた。たとえば、第三世界の多くでは、農業で鎌の技術がいまでも収穫に用いられている。これを第一段階と呼んでよい。一方、欧米では自動化され、高度に洗練されたコンバイン収穫機があり、それは農業から人間的要素を一掃しようとしています。これは第十段階と呼べよう。そこで、私は考えた。この二つの段階の間はどうなっているのだろうかと。これが私の中間消滅の理論だ。そこで、人間にやさしく、環境にやさしい、高度技術につきものの資源枯渇や雇用喪失なしに、世界中の農民に大きな助けとなる中間的技術を調べたり導入したりするために、中間技術開発グループを創立したのです」

この時期に彼は処女作の『スモール・イズ・ビューティフル』を刊行した。彼は私に一部寄贈してくれ、小さいことにとても大きな価値を付与するわけを熱心に説明した。「工業の発展と技術の進歩は規模の経済に気をとられている。その結果、巨大な官僚制、大企業と大工場が成功の象徴と見られるようになった。ところが、現実になにが起こったかといえば、物事が規則にしたがっておこなわれ、人間関係は二の次になってしまった。巨大技術は人間性に反するが、大組織も同じです。大きな学校では生徒は数に還元され、大病院では患者が還元されて数になり、大工場では労働者が還元されて数に化する。経済学というものは、人間の価値、さらには人間の霊的成長に奉仕すべきものです。私見では、組織がある規模を超えると、それができなくなる。だから『スモール・イズ・ビューティフル』（小さいことはすばらしい）という題をつけた」。私は欧米では——そしてオクスフォード大学卒業生、ロンドン・タイムズ紙や国有産業関係者である経済学者の口からはこのような哲学は聞いたことがなかった。

一九七三年十一月から一九七七年八月までの間に、彼は「リサージェンス」に二十三編の論文を寄稿してくれた。私が電話で論文について意見交換をすると、彼はじっと耳を傾けて、雑誌に合わせて論文を改めたり、縮めることに吝《やぶさ》かでなかった。一緒に仕事をするには最も気心の知れた執筆者であったが、自作にすっきりとしたレイアウトを求めた。ある時、「リサージェンス」の新趣向好きなデザイナーが全ページの背景に迫力のないイラストを入れた。彼はそれが気にいらず、「デザインの目的は読みやすくすることで、読みにくくすることではない」といったものである。

選ばれた彼のリサージェンス論文が今一本にまとめられたのを見るのは、本当に嬉しい。各論文の書かれた時期は異なり、内容も統一がないように見えるが、全編に力強い共通の主張が貫通している。そのことが霊的なものと物的なもの、内面と外面、理想と現実、空想と実際がすべて完全に統一されていることを示している。E・F・シューマッハーの思想には二重性は存在しないのである。

一九九七年三月十日　ハートランド

サティシュ・クマール

序言

経済学者で哲学者のフリッツ・シューマッハーは、一九一一年にボンに生まれ、生涯の大部分をイギリスで過ごし、一九七七年九月スイスのコーへの旅の折に急逝した。彼は秀《すぐ》れた知的環境[1]に生まれ、二十三歳までにドイツ、イギリス、アメリカで流星のように輝かしい学者経歴をもちながらも、百の理屈より一つの実行がまさり、「高尚な事物についての最少の知識でも瑣末《さまつ》な事物についてのもっとも確かな知識より望ましい」と常に信じていた。学生時代や大学奉職中に彼は「人生と知識の案内図」をあたえられたが、そこには「私がいちばん心にかけ、自分の人生にとって最も重要と思われることはほとんど記されていない」と不満を述べていた。シューマッハーは仲間や聴衆に現実に直結した哲学的案内図を提供する必要があると感じた。それをおこなう道程のなかで、彼の一生は欧米の経済理論や学問がよって立つ基本的な前提の多くに絶えず異議と疑問をとなえるものとなった。「経済学という『科学』を支配する『法則』とはなにか。貨幣の真の価値とはなにか。時間と貨幣との関係とはどういうものか。仕事の本当の価値とはなにか。そして開発の意味とは？」

シューマッハー個人の悲哀――理論分析という見地からすれば強みと客観性だが――は、

実は生涯の大半を「局外者」として終始したことにある。両大戦間の時期を主として国外での勉学・研究で過ごしたので、彼は仲間の学生・学者に完全に溶けこむことはなかった。二十三歳の若さでコロンビア大学の銀行論担当助教授に任命されたことも、彼を孤立させるだけであった。若年期の商業的活動は、ウォール・ストリートから始まってロンドンのシティーに及び、ここでは大戦前の恐慌期にドイツからおこなわれた、利幅の大きい、独立のバーター輸出入取引を扱った。

ヒトラーの登場が狂喜をもって迎えられ、国家主義に染まった同胞がドイツとその伝統を知的にも政治的にも捨ててしまったとの思いから、一九三七年、彼は社会、家族、仕事のうえでドイツとの絆《きずな》を一切断ち、年若い妻を連れてロンドンに移る決心をした。彼はナチスという邪悪な存在がドイツから一掃されるまでは、ヨーロッパに平和は訪れないが、最後にはヨーロッパはイギリスの導きによって再建されるものと確信していた。その際社会・経済改革の最前線に立つことを願った。

第二次大戦の間、ドイツ系外国人であるとみなされて彼の一家は冷たい仕打ちにあった。住居を追いだされて、一時収容所にいれられた後、ノーサンプトンシャーで農業労働者として働き、次いでオクスフォード統計研究所での政府関係の調査の仕事を黙々とこなした。戦争が終わるとすぐに、連合国管理委員会経済顧問に任命されてドイツにもどったが、そこでは親戚や友人の多くが今ではイギリスに帰化した一家を、沈没する船を見捨てた裏切り者とみなしたのである。一家は一九五〇年以降またイギリスにもどっているが（このとき彼は新設の英国石炭公社の経済顧問兼統計局長）、シューマッハーの持続可能な経済社会のあり方への探求は彼を東奔西走《とうほんせいそう》させた。貧乏と社会的不公正と疎外を肌身に体験し、自身の独自な実務経験をもってすれば、なにか役に立てると感じた。あるとき語ったように「自分は祖国のない男なのだ」――愛国心を重んじ、社会的にも学問的にも非常に恵まれた遺産を当然のこととして身につけた人が口にするには悲しい告白である。

流謫《るたく》と亡命の生涯のなかで、一再ならず彼は伝統の構造を、それが知的なものか経済面のものか、宗教的なものかを問わず、すべて疑った。一九五一年までは徹底した無神論者で、宗教や道徳は単に歴史の産物で、科学的検討に堪《た》えられず、不適切になれば変更できると講義で語っていた。彼は活発な精神をもった理想主義者で、ごく初期にいだいた価値は自身が受け継いだ欧米の、速度と計量、効率と論理にもとづく、きわめてモダンなものであった。後年になって、ようやく彼はそうした基準は型にはまり、自然界の「無意識の」微妙な脈動と完全にずれていると悟った。

育ちのおかげで教養豊かで礼儀正しく、厳しい外的環境によって適応力に富んではいたが、シューマッハーは終始知的な孤独者であり、それが常にその不偏不党性を鍛えた。さまざまな個人やグループが彼の仕事の多様な側面を自分の思考形式に合わせて理解した。彼のビジョンをまるごと摑《つか》んだ人は少なかった。農業改革、経済改革に関する彼の急進的な社会思想や「世界改良計画」は愚弄《ぐろう》されるか、せいぜいのところ、有力者の議論にはなっても、彼がすすめたような形で展開されることはまずなかった。

精力的で徹底的に真理を探求することは、行く手をはばむ文化のしがらみや学界の遺産というお荷物を当然捨て去ることを意味した。しかしながら、これで彼の適応能力が拡大され、象牙の塔の学者から国際的な実業家、金融の専門家、財務顧問、収容所の捕囚、農業労働者、政府のための国策研究員、翻訳者、ジャーナリスト、そして役人へと必要の命じるままに転身したのである。こうした転職のつど、新たな環境から可能なかぎりのことを学びとり、内面の探求をすすめるために常に活用した。『混迷の時代を超えて〔2〕』で述べているように、「生きる術とは常に悪いことから善いことを生みだすことである。これによって一歩進んで世界を新たな光の下に見ることができる」のである。彼は決していらだったりしたことはなく、また絶望に屈しもしなかった。その生涯はガンジーの非暴力（アヒンサ）そのものの表現であり、平衡発見の実例であり——晩年にはいると、仏教でいう「中道」発見の体現であった。

第二次世界大戦が終わるとすぐに、シューマッハーは招かれてオブザーバー紙、タイムズ紙、エコノミスト誌その他の雑誌にペンネームで寄稿した。理由は各紙誌がドイツ名前が読者の反発をかうのを恐れたからである。一九四七年のマーシャル・プランや一九四四年の完全雇用に関するベヴァリッジ報告への貢献に見られるように、彼の考えが採用されたときもあった。こうした有名な計画に対する知的貢献は、最晩年（ほぼ十年間）に至るまで公式の評価を受けなかったが、そのことが彼の心をかき乱すことはなかった。知的な調査・研究経験で最も重要なのは、彼の意見では、必要な構想を実力のある人に実行してもらうことであった。

シューマッハーは多読の人であった。彼は数多くの哲学者や思想家から影響を受けた。シェークスピアからショー、マルクスからアインシュタイン、R・H・トーニーから毛沢東、アダム・スミスからJ・M・ケインズ、グルジエフからガンジーといった人々である。自宅のある郊外のケーテラムからロンドンのヴィクトリアの英国石炭公社（彼は一九五〇年から一九七〇年までそこで働いた）までの通勤時間をも、彼は比較宗教学を研究するのに費やした。この時期が彼の内面生活の実り豊かな転換期であった。まず主に東方の宗教を学び、講義を聴き、瞑想《めいそう》の実践をおこなった。時間をかけて、そして抵抗しながらも青年時の無神論を捨てるようになり、より高い存在の秩序があるかもしれないと認めるにいたった。世間との触れ合いでも、内面の生活においても、彼は基本的にはガンジー風の真理探求の道をとった。これがガンジーと同様、彼の経済論と形而上学《けいじじょうがく》の変化（時には矛盾ともみえた）が時系列的に見て彼の精神の葛藤と発展とを映しだしている理由である。彼の講演、論文と構想が同じように、マルクス主義から仏教を経て最終的にキリスト教にいたる変化を反映している。

一九五五年、英国石炭公社に勤務中のシューマッハーは、三ヵ月間のビルマ連邦政府経済顧問就任の委嘱を受け、これを引き受けた。ビルマで彼は直ちに仏教寺院に身をよせた。彼はまたビルマ人が欧米流の経済開発を必要としないことを見てとった。彼の報告書は評判が悪かったが、そこでの経験は霊性と知性の展開のうえで新たな転機となった。ビルマは彼の生涯におけるいくつもの別個の考えをよりあわせ、特に第三世界の経済開発にかかわる考えを総合させた（仏教経済学に関する第二章の1を参照）。それはまた後年における西方宗教の研究に扉を開き、やがてはトマス・アクィナスと初期の教父を通じてキリスト教に彼を導いた。マルクス主義者の友人や仏教徒の友達のいずれをもびっくりさせたのだが、彼は一九七一年、つまり死の六年前についにローマ・カトリック教会の一員となった。それは彼が長らくいだいていた、知性と理性が同情や許しや無償の愛にまさるという見解の放棄宣言であり、聖なる創造者と一切の被造物の一体性の承認であった。

振り返ってみると、人生には超越的な「縦の一筋」があるのである。長年の探求と内面の格闘を経て、彼は研究と社会的関心という、生涯を貫くいくつもの途筋《みちすじ》を、一点に収斂《しゅうれん》させ、自らの霊的な里帰りを実現したのである。

石炭公社での職務と並んで、シューマッハーはまた崩壊に瀕《ひん》したヨーロッパの石炭産業を救い、中近東からの安価な石油輸入にヨーロッパ産業が頼るのを止めさせる、彼独自の案に肉付けするため、各国を精力的に訪問する計画をも実行した。もう一つの目的は、アメリカ、ラテン・アメリカ、日本とロシア（ただし、彼は冷戦の終焉《しゅうえん》を目にすることはできなかった）を含めた、第一世界と第三世界において、持続可能な開発を進めることであった。燃料と食糧が生き残りと持続可能性のための二つの基礎必要物資であると彼はみた。どんな社会もこの二つの自給を可能なかぎり追求すべきであり――これを怠れば経済的にも政治的にも弱体化を免れない。不幸なことに、彼はあまりに時代の先を走りぬけたので、目をとめる人はまれであった。自分のアイディアの具体化として、自宅は屋根に太陽光パネルを載せた最初のイギリスの家の一つであった。また個人として持続可能な農業にもかかわったが、その熱意は彼によると、農業労働者として働いたときに植えつけられたものであった。彼は長い時間をその有機農園で過ごし、土壌協会の有力メンバーであり、「樹の男たち」の支持者でもあったし、行く先々で植樹と森林農業計画を熱心に説いた。そして、機会があれば逃さずに、森林伐採計画や単一作物栽培中心の農業組織への依存や石油系の化学肥料によって起こる地味《ちみ》の劣化、浸蝕や生態系の悪化に警告を発した。

一九七〇年、英国石炭公社のジョージ・マクロビーをはじめとする堅い決意のグループをもとに、シューマッハーは中間技術開発グループ、つまり技術移転を業務とする、ロンドン所在の団体を創立した。その狙いは、発展途上国の貧しい農村社会に実際的な「道具の助け」、技能と教育を与えることであった。インドの同志と共同で、彼はルクノウに適正技術開発協会を樹《た》て、同じ方向の仕事をした。一見してわかるように、これは活《い》きた「仏教経済学」であった。シューマッハーは、貧しい社会への欧米の援助はその社会のなかに文化的、経済的な依存状態を増長させ、金持ちと貧乏人、若者と老人の溝を深くするだけだということを理解していた。反対に、共同体の独自の文化伝統に敬意をはらい、技能と一段階高級の道具を供給することによって、共同体は長期的な持続可能性と安全を手にできるのである。この「中道」は過去二十五年の間に、特に貧しい国々においてますます認められてきた。右の二つの団体は隆々と発展し、今や中間技術開発グループは六ヵ国に支部を持ち、多くの地方でサービスを提供している。

一九六〇年代におけるシューマッハーの企画、放送、述作、公開講演は回を追うごとに賞賛の的になりはしたものの、真の飛躍と評価の定着は、一九七三年に処女作『スモール・イズ・ビューティフル、人間中心の経済学』の刊行を待たなくてはならなかった。この本はそれまでにおこなった講演や新聞・雑誌論文にもとづくものであったから、一般読者の言葉で書かれていたが、時代精神をうまく捉《とら》えた。『スモール・イズ・ビューティフル（小さいことはすばらしい）』は単に適正規模を論じたものではない。そこで強調されているのは、世界中の何百万人もの「庶民」が意識下で信じていること、つまり、二十世紀の欧米文明は、農業でも工業でも、「地球」の所得ではなく資本に不自然に寄生しているという点である。それを支える血液とは、主に豊かな国々による、増勢の止まない再生不能資源の消費である。物質的、道徳的な抑制なしでは、右上がりの生産・消費曲線にそって生活を維持することはできないだろう。シューマッハーの単純だが刺激的な説得は、多くの人に市場型の消費社会の未来と価値に疑問をいだかせ、自分たちの生活様式を根本的に改めるようしむけた。しかし、変化への熱意と勇気をかきたてたのは、彼個人の決意と献身であった。こうした鼓舞激励のメッセージには、一九七七年に彼をホワイトハウスに招いたアメリカのカーター大統領をはじめとして第三世界の何千人という貧しい人々まで含めて、世界中から異例の反響があった。彼は後者の人たちには伝統的な価値をまもると同時に、自分に合った持続可能な開発の「中道」を発見するようすすめた。未来を資本やエネルギー多消費型の技術にあずけるのではなく、民衆の力と自分自身の精神と肉体の創造力に頼るよう呼びかけた。このメッセージは今日もっとも幅をきかせている経済政策への挑戦である。

シューマッハーの言葉は「変えることができる事を手がけよ」であった。いかに些細《ささい》なものであっても、具体的なよい行為はいつでも意味がある。人々は欲望と必要、生活の質と消費の量、英知と知識、大衆による生産と大量生産の区別を再び学ばなくてはならない。彼はバーバラ・ウォードと並んで、無限の成長概念の肯定に異をとなえた最初の経済学者であった。突如として、彼は物質主義反対の精神指導者として喝采《かっさい》を博することになった。以来持続可能な開発——一九九〇年代の、十分には理解されていない響きのよい叫び——の正真正銘の予言者ともてはやされた。シューマッハーにしてみると、持続可能性という概念は人間の精神的、物質的福祉を議論の余地なくあらゆる政策や決定に優先させるものであった。

『混迷の時代を超えて』という、彼のいちばん深い精神の信条を概説した著作が続いて一九七七年に刊行された。これ以外の著書は没後の出版である。とはいえ、『スモール・イズ・ビューティフル』によって彼は今もひろく知られている。彼の論議の強みは、問題をシステムの次元で論じ、解決策を単純かつ具体的に呈示する能力にある。そのメッセージは包括的で、それは本書の各章をみればわかる。問題をばらばらに分解してはいけない、「世界を眺め、しかも全体として観察すること」である。

本書はシューマッハーの生涯における主題の大半をあつかっている。第一章の1・2で欧米経済の巨大主義への批判と、人間的スケールと持続性と関連づけた新たな経済学の必要を概観する。第二章の1・2・3では、人間の仕事の尊厳と創造性、政府機関と積極的に組んで働く、責任のある任意団体の新しい役割、そして地域に根ざし下から積みあげた開発のモデルの効果と望ましい点、が力説されている。「貧困の文化」を避けるには、社会は「束の間の」価値ではなく、「永遠の」価値のある財を生産すべきである。このことは、陳腐化を組みこんでいるこの使い捨て社会に対する真正面からの挑戦であることはいうまでもない。工業、農業、環境の持続可能性の基礎としての、持続可能で汚染の危険のないエネルギーの供給についての彼の見解が随所で強調される。同じように、仕事の尊厳、所有権と技術の役割と両立できる、新しい組織構造を見いだす必要も力説される。開発の章では、いかにしたら貧困と飢饉《ききん》、これと繋《つな》がる諸問題を緩和するかの具体的な提案が示されている。自身の経験と企画にもとづいて、都市と農村の再活性化と共同体の健全さについての、想像力に満ちた構想のすべてがここに見いだされる。最後に終わりの章で、シューマッハーはその仕事に霊感をあたえ、われわれがどこで考え違いに陥ったのか、どうしたら正しい道に立ちもどれるかを知る手助けとなる、いくつかのより深い生態学的、精神的洞察を披露している。時代の物質主義という形而上学が今、環境と直接衝突しているというのである。

環境悪化が提起する問題は一義的には技術的問題ではない。もしそうなら、技術の先進社会でそれがもっとも深刻な形で起こるはずはなかったろう。原因は科学的ないしは技術的能力不足や科学教育の不十分、情報不足とか訓練された人員の不足、あるいは調査研究資金の不足のいずれでもない。原因は現代社会の生活様式にあり、それはまた現代世界の基礎的な信条――いうなればその形而上学によるのである。

全面的崩壊を回避できるよう、われわれを教育して根本的に変革させるのは、ただ一つ、生活のあらゆる分野での徹底した悔い改めであって、「果てしなく広がる戦場で崩壊を押さえこもうと戦うこと」ではない。

シューマッハーの没後二十年、論争を呼ぶ以下の各論文に記された英知と警告と予言は、かつてないほど妥当性を増している。例えば、政策立案にあたって貨幣コストだけでなく、環境や再生不能資源のコストをも考慮にいれた総合経理や説明責任に関する彼の見解が、今ではようやく政策日程に上るようになった。そしてまた、国際開発機関のなかには、地方のレベルで貧困に対処する、従来より低コストの方法とか、小口信用制度を模索しはじめているものがある。とはいえ、生態学的世界化への傾向、巨大都市の大成長、大量失業、持続不能の農業・工業構造、環境悪化と社会的暴力の高進は、彼の案内図がまだ理解されておらず、政策を変える立場にある人々に正しく解釈されてもいないことを示している。今や持続可能性――つまり、道徳価値の至上性、すべての人の神の前での平等と尊厳、あらゆる経済の資源の基礎としての人間の仕事のまっとうさ、そして地域社会の価値と分権化された政策決定と可能なかぎりの自給、という基本的な前提を再考慮する緊急度はいよいよ高まっている。

ガンジーやシューマッハーのような偶像的人間を、彼らが生きた時代状況に固定してしまい、その思想が環境の変化とともに絶えず変わってゆくことを無視する大きな危険は常にある。二人とも新たな現象が起これば新たな解決法を発見し、「この瞬間に生きる」術を実践し、他人にもそうするよう励ましただろう。情報技術の革命、バーチャル・リアリティー、遺伝子工学は間違いなく過去二十年に現れてきた問題であり、シューマッハーは人間一般の条件に影響するかぎりこれに注目しただろう。彼は繰り返し原子力に内在する危険とチェルノブイリ型の事故発生の確率に警告を出してはいたが、地球温暖化は彼が他界したときには環境を害するものとして科学的に認められていなかった。だが、シューマッハーが本書で論じている問題の大部分は、残念ながら現在も存在するどころか、この二十年の間に悪化しているのである。

必要な知識と道徳的な勇気を身につけて、現在の危機の打開策を見いだし、あらゆるレベルで平和を築きあげるのが、新世代の任務である。変革という課題を担う個々人、同じ「案内図」を使う気のある個々人が手を組むことが重要である。『グッド・ワーク』〔3〕のなかでシューマッハーは次のように述べている。

私は意気消沈などしていない。私の手では、よりよい世界へわれわれの船を送りこむ風は起こせない。だが、帆をあげるぐらいはできるから、やがて吹く風をつかまえることはできる。

われわれは、当時と同じように、今も同船者である。読者が本書のなかに変革に役立つ洞察と道具の数々を読みとり、そうした本として『スモール・イズ・ビューティフル』のふさわしい続編と考えられるものと確信している。

一九九七年五月　ゴッドストーン

ダイアナ・シューマッハー

訳注

〔1〕シューマッハーの長女のバーバラ・ウッドによる伝記（拙訳『わが父シューマッハー』御茶の水書房）によれば、シューマッハー家は十四世紀からブレーメンの市長を出してきた名家で、祖父は外交官、父親は経済学者でベルリン大学教授、母親は法学者エルンスト・ツィーテルマンの三女、叔父は建築家で戦後ハンブルクとケルン両市の復興を担当した。ちなみに、シューマッハーの妹は物理学者ハイゼンベルクの夫人である。

〔2〕*A Guide for the Perplexed* 小島慶三、斎藤志郎訳、佑学社。

〔3〕*Good Work* 邦訳『宴のあとの経済学』長洲一二監訳、伊藤拓一訳、ダイヤモンド社。

目次

スモール　イズ　ビューティフル再論

第一章　時　代

1　宴はおわった

イギリスの経済状態についての政府筋の発言が相次いでいることから見ると、われわれは今さまざまな好ましからぬ現象、なかでも最悪のインフレを伴う、悪質な経済危機の終わりの局面にいる。イギリスは主要競争相手国と肩を並べ、来年（一九七六年）はじめに強く期待されている世界経済の回復の恩恵にあずかれるように、インフレ率を半分に落とさなくてはならない、そうすれば、国際収支を均衡させ、莫大《ばくだい》な債務の返済をはじめることさえでき、ひとたび北海の石油が大量に出てくると、経済成長の楽しい軌道にもどる、と教えられる。これを聞くと、次の詩が口をついて出てくる。

GNPがまた伸びだせば
みんな前より幸せさ。

このような楽観論は、もっとも堅い心をも滅入らせる。「楽しい軌道」にもどったときに、われわれはどこにいるのだろうか。間違いなく、数年前の状態よりももっと危険で維持できない状態だろう。三重の危機――資源の危機、生態系の危機、そして社会の危機――は依然消えず、その度合いを強めているだろう。すべてががたがたし、脆《もろ》くなっているだろう。

私の確信するところでは、現在の状態は従来の「不況」や「景気後退」との共通点がない。ただし、むろん失業のようないくつかの徴候は別であるが。それは景気循環の一局面ではなく、「訂正」とか「沈静化」、ないしはそれに似たものでもない。それこそ時代のおわりなのである。バーバラ・ウォードが一年くらい前に簡潔に「宴はおわった」と表現したとおりである。

ではどんな宴だっただのだろう。主人と客は主に少数の国とそこに住む（増加してはいるが）少数の人々であり、宴のために財やサービスを提供する人々は多かれ少なかれ除《の》け者《もの》である。われわれは次の三つの幻想で自分をごまかしてきた。

第一に、安価な燃料と原料が無尽蔵に供給されるという幻想

第二に、ごく低い報酬で、退屈で機械的でうんざりする仕事をあえてやろうという労働者が、これも同じく無限にいるという幻想

第三に、科学と技術がやがて、もうすぐすべての人を豊かにするので、余暇と財産を一体どうあつかうかという問題だけが残り、他の問題が消滅してしまうだろうという幻想

このような宴を催した、幻想という名の役者たちは、一人残らず舞台を去り、影もかたちもない。彼らはわれわれを魔法にかけ、旅に連れだしたのだった。日が経つにつれて、彼らに騙《だま》され、その言葉を信じたことがいぶかしく思えてくる。われわれは目が覚めつつある——身の回りに数多くの残骸を目にする——が、魔法は手のこんだ仕方でまだ生きつづけ、われわれの言動の大半は、三人の役者がまもなく戻って、宴がまた始まるのを前提にしている。

実は、だれもが彼らが戻ってはこないこと、宴はおわったことを知っている。だが、なにか新しいこと、たとえば新しい生活様式を編みだしたり展開させたりするのは、苦労が多すぎ、おそらく気も動転するようなことであるから、「意識することの拒否」といううまい名前のついている、人を安心させる大がかりな心理操作に耽《ふけ》りたがるのである。

この嘆かわしい状態はなにもイギリスに限ったことではない。私は二、三ヵ月前にドイツでおこなわれた、ハイレベルの討論会——シュミット首相のみならずドイツの連邦銀行総裁が他の世界に名の知れた経済学者、外交官や行政官僚とならんで参加していた——の逐語的な報告書に目を通したばかりであるが、そこには目下の危機が上記の傾向の必然的な結果で

はなく、国際的な交通事故のようなものの結果であるとして、できるだけ早く一九五〇年代、一九六〇年代の傾向に復帰したいという願望だけしか見いだされない。

これと似た「意識することの拒否」は他の分野、たとえば自然科学にも見てとれる。ここでも、「宴はおわって」いるのである。それはいかにも不思議な宴で、現実にはニヒリズムのお祭り騒ぎ、価値も目的も意味も存在せず、人類は単なる宇宙の偶然（宇宙の別の場所でも起こりえたかもしれない）であり、心のない「物質」か「エネルギー」こそが究極の実体であるという、科学的な発見と称するものの祭典である。宴がまだ盛んなころ、おそらくもっとも尊敬をあつめた展示物は、熱力学の第二法則、またの名はエントロピーの法則であり、それは一切の事物が常に「消耗」し（なにか別のものに寄生するのでなければ）、宇宙全体は不可避的に死と分解で終わりを迎えると断言する。セオドア・ローザックはこの問題を取りあげ、科学者に向かって次の問いを発している。

なぜ科学者たちはこんな道化じみたことをするのだろうか。おそらくその原因はエントロピーがニヒリスティックだからだろう。エントロピーの指し示すのは、宇宙の死と分解であり、そこで異界の、人間にとって無意味な宇宙、感情を排した研究と操作のために感覚もなく人間と無縁に存在する宇宙、という考えを支えている（中略）分析のうえでは全体から部分へと進み、質を量へ還元し、究極原因を排除し、自然について過激なまでの客観性を前提とする。これらは証明のできる仮説ではない。これらすべてをまとめたものが科学——あるいは少なくとも欧米人がガリレオの時代からなじみの科学なのである。

科学がこの特殊な時代の終末にたどりついたという徴候が今やいたるところにある。証拠はあらゆるところから集まってくる。それは物理学と化学は現象の「表層下」しか説明できず、したがって生命、知性や意識といったことになると、「より高い力への奉仕者」と見るべきであると告げる。自然哲学者や普通の常識しかもっていないと考えている無数の人は、むろんこの証拠を握っている。しかし、今や当の科学者がそれを示してくれている。彼らは自然をより深く観察するにつれて、それを自分の物質主義的な思考枠に押しこむのがむりなことを悟りつつある。

その結果は、急増している関係書籍の氾濫《はんらん》であり、ピーター・トムキンスとクリストファー・バードによる『植物の神秘生活』[1]は一つのよい例であろう。著者は正統派の科学では説明できない数多くの実験について報告している。ついでながらそれはまた、その科学的発見があまりに正統に反しているので受けいれられなかった天才たちが被った、恐るべき受難の物語に満ちている（もっとも不寛容だった分野は医学と農業のようである）。

こうした実験があまりにも特異で、受けいれを拒否されたのは、たぶん非暴力的な方法、つまり、最小限のエネルギーや他の物質を投入しただけで立派な成果をあげたためである。

とかく異常に暴力的になり、特にエネルギーの大量投入を必要とする正統科学の技術とは好対照である。

現在出ている文献・図書には、たとえば病気の治癒とか、農業や園芸における植物の生育のあらたな可能性が数多く示唆《しさ》されているので、読者はこうした分野の科学者が知的興奮の絶頂にいて、これらの新しい方向で早く仕事をしようと焦っていると思うにちがいない。しかし、そのようなことは、ごく少数の勇気あるパイオニアは別にして、起こっていない。科学界の既成勢力が「意識することの拒否」という名の技を完璧《かんぺき》に使っているのである。

とはいえ、楽観してよい理由がある。圧力が高まり、意識することの拒否で築かれた防壁は遠からず崩れそうである。この経済危機の意味を会得すれば、対策がわかる。科学の危機の意味がわかれば、具体策を見いだしうるだろう。

いうまでもなく、インフレやわれわれを悩ますすべての一時的な問題について頭を悩ます必要はあるが、そうしたからといって、われわれの生き残りが確実になるものではないだろう。生き残りは「意識することの拒否」を克服できるかどうか、その能力にかかっているだろう。この拒否は（バートランド・ラッセルの言葉を引用すると）「反論の余地は少しあるにしても……きわめて確実なので、それに反対する哲学は成り立ちえないかの」ように、まったく時代遅れの「経済進歩」と「科学の真理」の哲学を弁護している。ラッセルが「絶望に屈しない態度を土台にして、はじめて今後は魂の安全な栖家《すみか》を築くことができる」という結論に達したことが思い出される。

科学はもとより経済学でも一つの時代が終わったことを理解している人にとっては、「絶望に屈しない態度」は無用である。古い処方箋が姿を消すとき、新たな処方箋の用意はもうできている。ただ、いま眼前に繰りひろげられつつある可能性を実現するには、たくさんの真面目な作業が要《い》るだろう。

訳注

〔1〕邦訳『植物の神秘生活』新井昭廣訳、工作舎。

2　一つの時代の終焉

一つの時代が終わった。欧米人の思惟《しい》の一局面の終わりである。われわれは今底知れぬ精神の危機にいる。デカルト的思惟に支配され、二百五十年ないし三百年も続いた時代に、科学と技術は信じられないくらい進歩した。その時代が今終わりに近づいている。この種の思惟の帰結を要約していえば、それは霊性の破産であった。その思惟とは「科学を英知の上に置くもの」といえる。例として、二つの文を引用しよう。一つは、トマス・アクィナスの引くアリストテレスの言葉である。もう一つはデカルトに従うホイヘンスの言葉である。前者は人類の伝統的な英知で、「高尚な事物についての最小の知識でも瑣末《さまつ》な事物についてのもっとも確かな知識より望ましい」という。第二は十七世紀のものだが、「重力とはなにか。熱、冷たさ、磁力、光、色とはなにか。空気、水、火やその他の物体の構成要素はなにか。動物の呼吸の目的はなにか。金属、岩石、植物はいかに発展するのか。こうしたことについてはほとんどまだ知られていない。しかし、この世でその知識以上に望ましくかつ有益なものはない」という。

この二つが正反対であることは明白である。十七世紀までは、高尚な事物についての最小で曖昧《あいまい》な知識ですら、物質的なものについてのもっとも確かな知識よりはるかに望ましいとされていた。ところが、突如変化が起こって、物質的なものについての知識よりも望ましく有益な知識はないとされた。「高次」と「低次」の区別はもう消え、あるのはただ有益性という考え、有益性からくる望ましさだけである。そして次にきたのが暴力的な独断、理性というごく小さく役に立つもので計り扱える場合は除いて、真実とみられるもの、あるいは科学的に受けいれられるものをすべて排除してしまう独断、の時代である。

　思惟におけるこの変化は、いわゆる「科学の発展」の門口に位置させるべきである。喜びの感覚はもはや知識獲得のための道具ではなくなった。感情、好み、愛はもう相手にされない。人格と意思、この二つも排除される。その結果、現実のすべてのもの、すべての主題は、政治学、経済学であろうが、それとも他の学問であろうが、孤立した隔離体系になった。なぜなら、今後受けいれられる唯一のものは、デカルトのいう「明晰《めいせき》、明白と確実な観念」だからであり、明晰で明白で確実なものとは数学で表現できるものだけである。神学も排除、形而上学も同じ。芸術は時には受けいれられ、倫理とはだれのでもよい、ただの意見である。なぜかといえば、計測できないもの、数学で表現できないものは「明晰で明白で確実な観念」とはとてもいえないからである。これこそわれわれが受け継ぎ、そのなかで育てられたデカルト的宇宙であり、その教育の結果いまでも体の隅々にまで染みついているもの、ものいわぬ宇宙、シェークスピアの台詞を引けば、「声と怒りにみちているが、なんらの意味もない、愚人の話〔1〕」である。偉大な頭脳の持ち主のバートランド・ラッセルは、これはものいわぬ宇宙であり、絶望に屈しない態度だけが知的に誠実なものだとの結論に達した。そして、今でも次々とそれを説く本が出て、それを否定するもの、物事のなかに意味を見る人はみな現代の知の水準にとどいていないのだと教えている。

神秘が論外とされているのはいうまでもない。神秘といえばほとんど罵《のの》り言葉であり、そこでこの驚嘆すべき能力、逆説の能力、つまり神秘の科学、人間の理解を超えるものについての知識が失われてしまった。神学を解する人ならば、否定神学のことを知っている。それはきわめて高度の科学で、われわれの無知を知ることのうえに成立していて、知らないとわかってはじめてこうした高い存在についてなにかを本当に学べるのだと主張する。ある偉大なキリスト教の聖者が「私の夜は光のはいりきたるのを許している」といった。これは単に宗教のことではなく——われわれの生全体を覆っていることである。つまり、われわれが非知識を知り、非知識を許し認め、知りえないことの確かさをどこまで摑《つか》めるかということである。そうして、われわれは未知のことをどう扱うか、その方法を探りだすのである。こうした考えは今日では許されない。そこで、われわれは未来について大部分のことは知っているふりをするが、それこそが誤りを最大にする確実な道である。

これが今終わりつつある時代である。それはまた「量の支配」とも表現されてきた。私にはノーサンプトンシャー州で農業労働者として働いたときに学んだ教訓がある。当時、毎朝食前の私の仕事の一つは、丘を登って近くの牧場に行き、牛の数を数えることであった。そこで、私は半分眠りながらそこによろよろと登り、三十二頭を数えてから丘を下って農場に戻り、監督に敬礼して「はい。三十二頭でした」と報告すると、彼は「朝食をとれ」というのだった。ある日、丘に着くと、ゲートに立っていた年寄りの農夫が「おい、あんたはここで毎朝なにをしているのかね」と聞く。私は「たいしたことではありません。ただ頭数を数えているんです」と答えた。彼は頭を横に振り「毎日頭数なんか数えていたら、牛は増えないよ」といった。そこで、私は「この田舎者！　なにをつまらぬことを考えているのか」と独り言を呟《つぶや》きながら帰っていった。というのは、自分がプロの統計家で――農夫はそのことを知らないということだった。ある日、私はそこへ登って数えた。何度も何度も数えたのだが、三十一頭しかいない。朝食をとろうと丘を下って監督に「三十一頭しかいません」と報告した。監督は非常に腹をたてて、「朝食をとれ――とったら二人でいってみよう」といった。でかけてその場所を調べてみると、茂みの下に一頭死んでいた。私は「待てよ――毎朝毎朝ここへ来て数勘定をしてきたのはなんのためだったのだろう。そんなことをしても牛の死ぬのは防げなかったではないか。もしかしたら、あの年寄りの農夫は私が見落とした点をつかんでいたのだ」と独りごちた。おそらく彼は表現がへたで「毎日頭数なんか数えていたら、牛は増えないよ」といった。彼がいおうとしたのは、もし牛の量（数）に心を集中するなら、牛は増えないということだった。量にどんな意味があるのだろう訓練を積むと、牛が死ぬのを止められないということだった。量にどんな意味があるのだろうか。私が数えなかったら、どうなっていたのだろうか。一頭の牛が迷子になったかもしれないが、だれかが連れ戻していただろう。いや、私は質の要素を探るべきであり、すべての牛が健康かどうか、毛につやがあるかどうかなどを見届けるべきであった。監督のところへ帰って「ああ、みんな大丈夫でしょうが、ただ一頭少し汚れたのがいました」と報告できただろう。そうすれば、二人で丘に登り、なにか手を打つことができただろう。量が私を圧倒して心を占領し、本当の問題である質が忘れさられてしまったのである。

その後私の目を惹《ひ》いたのは、『金枝編』を著したジェームズ・フレイザー卿の著作の一つで、驚くべきことに、彼は驚異的な丹念さであらゆる昔話を掘り起こして『統計の罪』と題する小著にまとめた。彼は世界中のさまざまな伝統のなかに数勘定すること、量を問題とすることに反対の態度が常にあったと報告している。聖書を読んでいる人なら、最初に人口調査を導入したのがダビデ王であること[2]を知っているだろうし、エホヴァの神が激怒して、三つの恐ろしい罰を王に選ばせたのを思い起こすだろう。昔のユダヤ人は「なにも悪いことはしていません。どうしたのですか」と弁じたてる能力をもっていた。しかし、ダビデは議論はしなかった。彼は三つの罰のうち一つを、それが最も早く終わるものだという理由で選んだ。彼はこうした勘定をするのは誤っていると悟ったのである。もしもこれが旧約聖書だけにあるのならば、それは昔のユダヤ人の風変わりの一つといえようが、これはアメリカ・インディアン、エスキモーにもあり、その他の地域にもある——つまり、統計の罪なのである。ジェームズ・フレイザー卿はそれについて十九世紀風の傲岸《ごうがん》さでまるで「変梃《へんてこ》なことではないか」といった調子で述べており、その同じ態度が今も支配している。だが、死んだ牛についてのささやかな経験以後、私はもう変梃とは考えなかった。それは非常に重く受けとるべきことだと思った。純粋に量的な扱い方は、本当に大事なことを一切見逃してしまうが、今終わりに近づきつつあるこの時代は、もちろん物質の世界でそれが一定の力をもっているので、その扱い方をとりつづけてきた。それは誤りではないが、本当に大事なことへの理解でバランスをとることが前提条件であり、この大事なことはまったく異質のことである。

簡単にいえば、安易で快適な時間を約束してくれるものを手にいれるために、この伝統的な英知がすべて排されたのである。そして、むろん、得たものはまさに正反対、つまりまったく無意味な時間である。どのくらい反対かをいちばん簡単に知るためには、今日先進国の先頭に立っているアメリカ、生活水準がイギリスよりなおずっと高く、そして住民がはるかに不幸な国に目を向けるのがよい。

この時代が終わりつつあるのが確かなら、「この時代を終わらせる契機をつくったのはだれなのだろうか」という問いを発してよい。答えは不安を募らせる。それはどうみても神学者、教会、思想家、哲学者、学者ではない。そうではなくて、現代においては、本当に戦ったのはデカルト的発展の極致に達した人たち――物理学者なのである。物理学者は「これらすべてに一体どんな意味があるのか」という正しい問いを提起し、過去三十年の間欧米で出たもっとも挑戦的な哲学の書を書いてきた。それが第一のグループである。おそらく、これが人間の進歩なのであろう。道を踏み誤ったと悟るまでには極限にまで歩かなくてはならないのである。

時代の終焉を準備しているもう一つのグループは、実はヒッピーたち、一種の対抗文化で、その多くが長髪の人たちであり、素朴な真理――「戦争ではなく、愛を」といった素朴な真理――だけを求める人々である。チャールズ・ライクの書いた『緑色革命』[3]という興味深い本があり、私はその全部に賛同するわけではないが、コンクリートの隙間を縫って突如新しい緑の小さい草が、その大部分は雑草ではあるが、ともかくコンクリートの間を貫いて出てくるさまを記述している。それが新時代のしるしなのである。

もちろん、全然別の意味でわれわれが特に感謝すべき人々もいる。たとえば、ＯＰＥＣ諸国がそれで、化石燃料のような再生不能物質を十年おきに二倍になる比率で使うことができると決めてかかる経済制度に一撃を加えた。

むろん、こうした一般的な診断を下されたとき、それにどう対処するかという問題は常に残っている。多くの人はすぐ行動に走ろうとするが、やはりまずなすべきことは事柄を理解し、自分自身の小さな精神のなかで整理することだと力説したい。この点に心配がある。ごく最近のことだが、私がアメリカで会った人物は、物事を人間の背丈に合わせるよい仕事をしてきたが、その次に雑誌を刊行し、ある号で半分の紙面を使って、宇宙に各一基一万人住める衛星による住空間を読者の息を呑《の》むような技術で作るという、まったく空想もいいところの考えを述べ、科学者という名のばらばらな人々が口を合わせて意思さえあればそれは可能だなどといっているのである。これもまた脱線そのものであり、本当に大事なことはなにかに関して徐々に深まってきた理解をすっかり停止させるものである。

福音書でもっとも関係のある句の一つは、第四の福音書の冒頭の「初めに言葉があった」〔4〕であるが、読み手は「次を読んでください、次を」といわなくてはならない。そこで終わらないのである。言葉は体内に潜りこみ、下降し、肉となってわれわれの中に住まなくてはならない〔5〕。そして、それこそが今必要な行動と深い関係がある。大多数の場合、われわれは言葉の平面で人と交わるが、そこで止まっていては世界を変えることはできない。言葉が、われわれのメッセージと理解が、体内に潜りこみ肉となってわれわれの中に住むのでなければ、なにごとも起こらない。これがキリスト教の深い洞察なのである――言葉が物質の世界に入りこんで肉とならないかぎり、なにも起こることはないというのである。では、どうしたらわれわれの内部でだんだんと育っている、よき意図や洞察や新しい哲学を肉体化できるのだろうか。よしんばほんの少しであれ、それができた瞬間に、それはわれわれの内部で健康な草木になるのである。そして、ここで私は各人が自分自身の選択をするだろうと思っている。私自身は人生の途上でみつけた、三つの行動を選んだ。これだけが大事な事柄だと示唆しているのではないが……。

第一に、自然に対する新たな態度が必要であり、その態度を庭木の手入れ、園芸や農業の仕事において実践しなくてはならないことをみんなが理解する必要がある。これは意味の深いことであって、単に功利的なことではない。とりわけ過去三十年の間勢いを増してきたのは、もう自然との友達づきあいではなく、自然との戦いであり、その戦いで万一にも人間が勝ちを制したと思ったとき、実は負け組にいることに気付くのである。賞賛の的の近代農業には長期的な展望はなく、この見方を支持する有力な証拠がある。近代農業は今もアメリカで繰り返しおこなわれてきており、イギリスでもジェラルド・リーチが推進している。現代の食糧生産のやり方は化石燃料、なかんずく天然ガスと石油への依存度が高いので、約四十億人の世界人口を緑の革命の農法でなら養いうると考えると、確認された資源のすべてが三十年以内に農業だけに吸いとられてしまうことになる。今やこの認識はわれわれの支配層の頭に少しずつしみこみつつある。興味深いのは、ある国際的な農業会議で、王立農業大学の学長のエムリス・ジョーンズ卿が二十歳か二十二歳ほどの青年たちに向かって「さあ、目をこらしなさい。君たちが五十歳の誕生日を迎えるころまでには、石油の助けを借りない農業をしなければならないだろう。その意味は化学肥料の助けなしということだ。なにもしないで、それがすばらしいやり方だとうそぶいていてはだめだ。これまでうまく機能した集約化による増産は、今後はうまくゆかないだろう。君たちが五十歳になるまでに、まったく新しい農法が必要になろう」と述べたことである。私は卿がこの新しい農法がどんなものかを語ったのかどうか知らない。青年たちはいささか不安にされたままだったろう。しかし、新しい農法は存在する。ただ、これまでそれは「肥やしのふしぎ」[6]の農法として相手にされなかったのである。結局のところ「肥やしのふしぎ」というのが人生一般の格好な定義なので、私はそれを侮辱と受け取ったことはない。とはいえ、ここに永続性をもった新しい農業システムがある。

第二に、われわれは「大きければ大きいほどよい」という考えを意図して捨てさり、物事には適正な限度というものがあり、それを上下に越えると誤りに陥ることを理解しなくてはならない。小さいことのすばらしさは、人間のスケールのすばらしさと定義できよう。そのすばらしさとは、正しいスケールであれば、TLC[7]の要素を導入できるということにある（そして、みんな一人一人が身をもってそれを実験してみるべきである）。さて、TLCは、最上の肥料であり、カネでは買えない。その意味は「優しく愛情の籠《こも》ったいたわり」である。その威力には驚くべきものがあり、またそれがシステムから排除されるとどんな混乱に陥るかも同様に驚きである。例として国民保健サービスを取りあげよう。それが創設されたとき、われわれは共同体としてお互いの面倒をみ、それから蓄えも残すという大きな理想主義があったし、新たな国民保健サービスはいわば歴史から沢山のTLCを引きついだ。ところが三十年経った現在、すべてがますます組織化、体系化され、量で測られ、機械化されて、TLCは失われてしまった。影も形もない。確かにTLCを実行しようという人はいるが、それをするにはシステムに逆らわなくてはならず、したがってシステムは法外に高価なものになってくる。そしてまた、システムは的外《まとはず》れにもなっている――国民保健サービスではなく、ある種の疾病鎮圧部隊なのである。健康とはなんの関係もない。そして、これが現在の欧米世界の福祉制度全体に浸透している。今直面しているのは、世界でもっとも豊かな都市であるニューヨークが破産の淵に立っているという現象であり、その原因は福祉制度が度を越して高価になってしまったからである。ばかでかい現代の官僚制はなにごとをも達成しない。官僚制はただ漫歩しているだけである。問題は小さくなるどころかますます大きくなっている。もし規模を拡大すれば物事を解決できると考えるなら、それは間違いである。われわれのかかえる今の問題を解決できるのは、TLCというきわめて素晴らしいもの、受け取り手だけでなく出し手にとっても満足のゆくTLCが再び働けるように、組織をつくりあげるべきだと悟ったときである。われわれが生き残ろうとするのなら、家庭がまだ存在するところではさらに多くの活動を家庭に持ち込むことが絶対に必要、いやまさに不可避である。そして、これらのことを家庭に取りもどすのを可能にする技術を起こす各種の運動が多くの国で現在みられるのは心強い。

そこで、第三の行為は新しい技術を創造することである。私が「言葉は肉とならねばならない」というとき、私の念頭にあるのは、現在われわれが追求している暴力と巨大主義ではなく、その代わりに健康と美と永続性という三つの徳目をもつ道に技術を立ち返らせるこうした努力なのである。

原注

本章はイオーナ協会に対しておこなわれた講演にもとづく。

訳注

〔1〕シェークスピアの「マクベス」のなかの台詞。野上豊一郎訳、岩波文庫による。

〔2〕旧約聖書　サムエル記 下第二四章。

〔3〕邦訳『緑色革命』邦高忠訳、早川書房。

〔4〕新約聖書　ヨハネによる福音書　一―一。

〔5〕同　右　　　　　　一―一四「言は肉体となり、わたしたちのうちに宿った」。

〔6〕「肥やしのふしぎ」については、『わが父シューマッハー』第十六章参照。

〔7〕TLC（tender loving care）は、『宴のあとの経済学』（長洲一二監訳、伊藤拓一訳、ダイヤモンド社）第六章参照。

第二章　経済学

1　仏教経済学

仏教の八正道〔1〕の一つに「正しい生活」がある。したがって、仏教経済学があってしかるべきである。

同時に仏教国では、人々は伝統を忠実に守りたいとよくいう。ビルマがその例で、「新しいビルマは、宗教と経済的進歩の間には矛盾はないと考える。健全な精神と物質的な豊かさは矛盾するものではなく、本来両立するものである[1]」とか、「伝統の中にある宗教的・精神的価値と近代技術の便益をうまく組み合わせることができる[2]」とか、「理想と行動とを信仰に合致させるのがビルマ人の神聖な義務であり、必ずそれを成しとげる[3]」などといわれている。

ところが、こういう仏教国は、現代経済学のモデルを使って経済開発計画を立てることができると、いつも考えている。そして、いわゆる先進国の現代経済学者を招いて、政策の立案やら開発の枠組み、つまり五ヵ年計画のようなものを策定するうえでの助言を求めている。現代の物質主義的な生活様式から現代経済学が生まれたように、仏教徒の生活様式が仏教経済学を要求することに思いいたっている人は見あたらない。

経済学者も多くの専門家の例に洩《も》れず、経済学は絶対・不変の真理性をもつ科学であり、それにはなんの前提もないという形而上学的な誤りをよくおかしている。その中には、経済法則というものが重力の法則のように、「形而上学」ないしは「価値」と無縁であると主張している者さえいる。しかし、ここでは方法論の論議に立ち入る必要はない。その代わりに、基本的な問題をとりあげて、それを現代経済学から見た場合と、仏教経済学から見た場合とで、どのように違うかを眺めてみよう。

富の基本的な源泉が人間の労働であるという点については、だれしも異論はないところである。さて、現代の経済学者は「労働」や仕事を必要悪ぐらいにしか考えない教育を受けている。雇い主の観念からすれば、労働はしょせん一つのコストにすぎず、これは、たとえばオートメーションを採り入れて、理想的にはゼロにしたいところである。労働者の観点からいえば、労働は「非効用」である。働くということは、余暇と楽しみを犠牲にすることであり、この犠牲を償うのが賃金ということになる。したがって、雇い主からすれば、理想は雇い人なしで生産することであるし、雇い人の立場からいえば、働かないで所得を得ることである。

このような態度が理論と実践に及ぼす影響は、いうまでもなくきわめて甚大である。仕事についての理想が仕事を逃れることであるとすれば、「仕事を減らせる」ならどんな方法でもよいことになる。オートメーションを別とすれば、いちばん効果のある方法は、いわゆる「分業」であり、その古典的な例がアダム・スミスの『国富論』で賞賛された「ピン工場」である。ここで扱われているのは、人類が大昔からおこなってきた通常の分業ではなくて、一つの完結した生産工程を分割して、完成品を高速度で生産できるようにする分業であり、この分業では、個々の労働者はまったく無意味で訓練もほとんど要らない手足の動作だけを繰り返せばよいのである。

仏教的な観点からすると、仕事の役割というものは少なくとも三つある。人間にその能力を発揮・向上させる場を与えること、一つの仕事を他の人たちとともにすることを通じて自己中心的な態度を棄《す》てさせること、そして最後に、まっとうな生活に必要な財とサービスをつくり出すことである。

ここでも、このような考え方の影響するところは甚大である。仕事というものを労働者にとって無意味で退屈で、いやになるような、ないしは神経をすりへらすようなものにすることは、犯罪すれすれである。それは人間よりモノに注意を向けることであり、慈悲心を欠くことであり、人間の生活のいちばん遅れた面にやみくもに執着することである。同じように、仕事の代わりに余暇を求めるのは、人生の基本的な真理を正しく理解していないことを示すものである。その真理とは、仕事と余暇とは相補って生という一つの過程を作っているのであって、二つを切り離してしまうと、仕事の喜びも余暇の楽しみも失われてしまうということである。

仏教徒の立場からすれば、機械化には二種類あって、それははっきりと区別しなければならない。第一は人間の技能と能力を高める機械化であり、第二は人間の仕事を機械という奴隷に引き渡し、人間をその奴隷への奉仕者にしてしまう機械化である。この二つを識別するには、どうしたらよいだろうか。

現代の西欧事情に精通し、東洋の古代にも詳しいアーナンダ・クマーラスワーミが次のように述べている。「仕事に当たる職人自身が、求められればいつでも機械と道具の微妙な違いを示すことができる。じゅうたんを織る機《はた》は、たて糸をピンと張って、その間に職人の指で毛糸が織りこまれるように考案された道具である。一方、動力織機は機械である。それが文化の破壊者だというのは、仕事の中で本質的に人間がおこなうべき部分を機械がおこなうからである[4]」。したがって、仏教経済学は、文明の核心が欲望を増長することではなく、人間性を純化することにあると考えるのであるから、現代の物質主義の経済学とは当然いちじるしく異なってくる。人間性はおもに仕事を通じて培われる。自信をもってのびのびと仕事をすれば、仕事をする当人とその作物はすばらしいものになる。インドの哲学者であり経済学者でもあるJ・C・クマラッパは、この点を次のようにまとめている。

仕事というものの性質が正しく把握され、実行されるならば、仕事と人間の高尚な能力との関係は、食物と身体の関係と同じになるだろう。仕事は人間を向上させ、活力を与え、その最高の能力を引き出すように促す。仕事は人間の自由意志を正しい方向にむけ、人間の中に住む野獣を手なずけて、よい道を歩ませる。仕事は人間がその価値観を明らかにし、人格を向上するうえで最良の舞台になる。(5)

人間は仕事がまったく見つからないと、絶望に陥るが、それは単に収入がなくなるからではなくて、今述べたような、規律正しい仕事だけがもっている、人間を豊かにし、活力を与える要素が失われてしまうのが原因である。現代の経済学者は、完全雇用は「引き合うか」とか、労働の移動性を高め、賃金をもっと安定させるためには、完全雇用よりやや低めの雇用状態で経済を運営するのがより「経済的」ではないか、などについて精緻な研究をおこなうだろう。その場合、成功の決め手になるのは、一定期間に生産される財の量である。ガルブレイス教授は『豊かな社会』の中で次のように述べている。「財貨の限界緊要性が低ければ、労働力のうちの限界的な一人あるいは百万人を雇用する緊要性も低い」また「安定のためにある程度の失業を認めてもよい――ついでながら、これは明瞭に保守主義的な仮定の立場である――という(ほどに生産の必要性の緊急度は低い)のであれば、失業者が現在の生活水準を保てるだけの財貨を彼らに与えることができるはずである(6)」

仏教的な考え方からすれば、この発言は真理をさかさまにしたもの、モノを人間より尊び、創造的活動より消費を重視するものである。それが意味するところは、力点を労働者から労働の生産物に移すということであり、言い換えれば、人間から人間以下のものに移すことであり、悪の力に屈伏することである。仏教経済学で経済計画を作るとすれば、まず完全雇用の計画から出発するだろう。そして、その目標は「家庭外の」仕事を求めるすべての人たちに職を与えることである。雇用の極大化でも、生産の極大化でもない。婦人は、一般的にいって、「家庭外の」仕事を求めないものだから、会社や工場で婦人が大規模に雇用されているのは、経済運営の重大な失敗のしるしと見られるだろう。とりわけ、幼い子供を放任して、母親を工場で働かせることは、熟練労働者を軍人として使うのが現代経済学者の目に不経済に映るのと同様、仏教経済学者から見て不経済である。

唯物主義者が主としてモノに関心を払うのに対して、仏教徒は解脱《げだつ》（悟り）に主たる関心を向ける。だが、仏教は「中道」であるから、けっして物的な福祉を敵視しはしない。解脱を妨げるのは富そのものではなく、富への執着なのである。楽しいことを享受することそれ自体ではなく、それを焦《こ》がれ求める心なのである。仏教経済学の基調は、したがって簡素と非暴力である。経済学者の観点からみて、仏教徒の生活がすばらしいのは、その様式がきわめて合理的なこと、つまり驚くほどわずかな手段でもって十分な満足を得ていることである。

現代経済学者には、これが非常に理解しにくい。「生活水準」を測る場合、多く消費する人が消費の少ない人より「豊かである」という前提に立って年間消費量を尺度にするのが常だからである。仏教経済学者にいわせれば、この方法はたいへん不合理である。そのわけは、消費は人間が幸福を得る一手段にすぎず、理想は最小限の消費で最大限の幸福を得ることであるはずだからである。

そこで、もしも衣服の目的とするところが一定の快適な温度と見た目のよさだとすると、この目的を、最小限の労力、つまり年間の衣服の消耗を最小限にし、衣服のデザインももっとも簡素にすることで達成しなければならない。このような労力が少なければ少ないほど、芸術的創造に力と時間を割くことができる。たとえば、裁断しない布を巧みにひだをとってまとえばずっと美しくなるのに、現代のヨーロッパ風の手の込んだ仕立ての衣服はすぐすり切れたり、形がくずれて醜くみすぼらしいものになってしまうのは、野蛮で粗野なことである。衣服について述べたことは、他の必需品のすべてに当てはまる。モノの所有と消費とは、目的を達成するための手段である。仏教経済学は、一定の目的をいかにして最小限の手段で達成するかについて、組織的に研究するものである。

これに反して現代経済学は、消費が経済活動の唯一の目的であると考えて、土地、労働、資本といった生産要素をその手段と見る。つまり、仏教経済学が適正規模の消費で人間としての満足を極大化しようとするのに対して、現代経済学者は、適正規模の生産努力で消費を極大化しようとする。消費を適正規模に抑える生活様式をとるには、最大限の消費への欲求を満たす場合よりはるかに少ない努力で足りることはだれにでもわかることである。であるから、たとえばビルマではアメリカと比べて、省力機械はほとんど使われていないのに、生活の圧迫感、緊張感は非常に少ないのも驚くには当たらないのである。

簡素と非暴力とが深く関連していることは明らかである。適正規模の消費は、比較的に低い消費量で高い満足感を与え、これによって人々は圧迫感や緊張感なしに暮らし、「すべて悪しきことをなさず、善いことをおこなう〔2〕」という仏教の第一の戒律を守ることができる。物的資源には限りがあるのだから、自分の必要をわずかな資源で満たす人たちは、これをたくさん使う人たちよりも相争うことが少ないのは理の当然である。同じように、地域社会の中で高度に自給自足的な暮らしをしている人たちは、世界各国との貿易に頼って生活している人たちよりも、戦争などに巻きこまれることがまれである。

そこで、仏教経済学の見地からするならば、地域の必要に応じ、地域でとれる資源を使って生産をおこなうのが、もっとも合理的な経済生活ということになる。遠い外国からの輸入に頼り、その結果、見知らぬ遠い国の人たちに輸出品を送りこむために生産をおこなうといったことは、例外的な場合、またごく小規模な場合はともかくとして、きわめて不経済なことである。現代経済学者が通勤のための高い交通費は不幸であって、生活水準の高さを意味するものではないと認めているのと同様に、仏教経済学者は、欲求を満たすのに手近にある資源を使わずに遠隔地の資源に頼るのは、経済的成功どころかむしろ失敗だと主張するのである。現代経済学者は、国民一人当たりの輸送量（一マイル当たりのトン数で表示される）の数値が上がれば、それが経済的進歩の証左だというが、この同じ数値が仏教経済学者にかかると、消費の様式が悪化した指標となる。

現代経済学と仏教経済学のもう一つのいちじるしい違いは、天然資源の使用について生じてくる。著名なフランスの政治哲学者のベルトラン・ド・ジュヴネルが「西欧人」の性格づけをおこなっているが、これは偏りのない現代経済学者像といってよいだろう。

　西欧人は人間の労力以外のものを支出とは認めようとしない。鉱物を、もっと悪いことには生命あるものをどれほど浪費しているかを気にかけているとは思えない。人間の生命というものが、さまざまな生命からなる生態系の一部分だということを理解していないようである。世界は都市の支配下にあり、その都市では人間が他の生命から切り離されているので、生態系の部分であるという感覚が戻っていない。そこで、水や樹木のような、人間が究極的に依存しているものが、手荒で軽率に取り扱われている。[7]

これに対して、仏陀の教えは、いっさいの生物に対してだけではなく、とりわけ樹木に対して敬虔《けいけん》で優しい態度で接することを求める。すべての仏教徒には、何年おきかに一本の木を植え、これがしっかりと根づくまで見守る義務がある。〔3〕そして、仏教経済学者は、万人がこの義務を守るならば、外国援助がまったくなくても、本当の高度な経済開発ができることを容易に証明できるのである。東南アジア（他の地域も同様であるが）の経済が振るわないわけは、疑いもなく森林を許しがたいほどなおざりにしてきたことによるのである。

現代経済学では、その方法論がカネで表した価格によってすべてのものを同一化し、数量化するものである以上、再生可能の物質と再生不能の物質とを区別しない。その結果、石炭、石油、薪、水力といった、たがいに代替できる燃料の間の唯一の違いは、現代経済学者にとっては、一単位当たりの相対コストだけになる。もっともコストの低いものが当然好まれる。これがいちばん合理的、「経済的」だからである。

仏教経済学者にいわせれば、もちろんこれでは駄目である。石炭、石油のような再生不能の燃料と、薪《まき》や水力のような再生可能な燃料との間には、本質的な違いがあるのであって、この違いはけっして無視できない。再生不能財は、やむをえない場合に限って使うべきもので、その場合でも、それを保全するために最善の注意と細心の配慮を払わなければならない。こういう財を不用意に、ぜいたくに使うことは、一種の暴力行為である。現実には完全な非暴力ということはありえないかもしれないが、なにをおこなうにしても非暴力の理想を目指すのが、人間としての絶対的義務である。

ヨーロッパの経済学者とても、ヨーロッパの美術品が全部高値でアメリカに売れた場合、これを経済的大成功とは思わないだろう。これとまったく同様に、仏教経済学者は再生不能の燃料に頼って生活する人たちを、所得ではなく資本を食って寄生的な生活をしているものと主張するだろう。そのような生活様式は、長続きできず、まったく一時的な方便としてしか許されまい。石炭、石油、天然ガスといった再生不能の燃料資源は、その地域的分布がきわめて偏っており、総量にも限界があるから、それをどんどん掘り出していくのは、自然に対する暴力行為であり、それはまず間違いなく、人間同士の暴力沙汰にまで発展するものである。

この一事だけでも、仏教国にありながら、昔から伝わる宗教的・精神的価値を顧みず、できるだけ早く現代経済学の物質主義を採り入れようと熱望している人たちの反省の材料になるだろう。仏教経済学などは昔をなつかしむ夢物語にすぎないとして排斥する前に、現代経済学が描いているような経済開発のやり方で本当に自分たちの希望が達成できるのかどうか、反省する気になるのではなかろうか。『人類の未来の課題』と題する大胆な書物の終わりのところで、カリフォルニア工科大学のハリソン・ブラウン教授は、次のような評価を下している。

このように、工業社会が根本的に安定を欠き、農業社会に立ち戻っていく傾向があるように、工業社会の内部においても、個人の自由を保障している諸条件が揺らいできて、組織の管理化と全体主義的な統制を押しつけるような諸条件を抑えきれなくなってきている。事実、工業文明の存続を脅かす今後の難問題を一つ一つ検討してみると、社会の安定の達成と個人の自由の維持とをどうやって両立させていくことができるのか、疑問になってくる(8)。

この発言は長期に関する評価だからという理由で無視するとしても――ケインズがいったように、長期でみれば人はみな死んでいる――、では今日宗教や精神の価値を無視しておこなわれている「近代化」なるものが、本当によい成果をあげているのかという当面の疑問が残る。一般大衆に関するかぎりは、その成果たるや惨澹《さんたん》たるものであり、農村経済は崩壊し、町でも村でも失業が大幅に増え、栄養不良か、でなければ心のすさんだ都市貧民層が発生しているのである。

仏教経済学の研究を、精神や宗教の価値よりも経済成長のほうが重要だと信じている人たちにもすすめたいのは、現在われわれが経験している困難と将来の予想との二つを考えてのことである。というのは、問題は「近代的成長」をとるか「伝統的停滞」を選ぶかの選択ではないからである。問題は正しい経済成長の道、物質主義者の無頓着と伝統主義者の沈滞の間の中道、つまり八正道の「正しい生活」を見いだすことである。

これが可能なことに疑問はない。ただし、それにはいわゆる先進国の物質主義的な生活様式を無批判に模倣することよりもずっと大きな努力が要る。[9] なによりも私がいう中道の技術[10・11]を意識的に、また体系的に開発しなくてはならない。この技術とは、消えつつある古代東洋の技術とくらべて能率がよく強力であり、同時に反面では現代欧米の労働節約型技術より非暴力的、かつはるかに廉価、簡素なものである。

原注

（1） *Pyidautha, The New Burma* "Economic and Social Board, Government of the Union of Burma" 1954, p.10.
（2） Ibid., p.8.
（3） Ibid., p.128.
（4） Ananda K. Coomaraswamy. *Art and Swadeshi* Ganesh and Co., Madras, p.30.
（5） J. C. Kumarappa. *Economy of Permanence* Sarva-Seva-Sangh-Publication, Rajghat, Kashi, 4th ed., 1958, p.117.
（6） J. K. Galbraith. *The Affluent Society* Penguin, 1962, pp.272-273. 邦訳『豊かな社会』 鈴木哲太郎訳、岩波書店。
（7） Richard B. Gregg. *A Philosophy of Indian Economic Development* Navajivan Publishing House, Ahmedabad, 1958, pp.140-141.
（8） Harrison Brown. *The Challenge of Man's Future* The Viking Press, New York, 1954, p.255.
（9） E. F. Schumacher. 'Rural Industries' in *India at Midpassage* Overseas Development Institute, London, 1964.

（10）E. F. Schumacher. 'Industrialization through Intermediate Technology' in *Minerals and Industries* Vol.1, No.4. Calcutta, 1964.

（11）Vijay Chebbi and George McRobie. *Dynamics of District Development* SIET Institute, Hyderabad, 1964.

訳注

〔1〕八正道とは、正しい見解、正しい決意、正しい言葉、正しい行為、正しい生活、正しい努力、正しい思念、正しい瞑想《めいそう》である。

〔2〕『真理のことば』（法句経）中村元訳、岩波文庫。

〔3〕これはおそらくインドのアショーカ王のことをいっているものだろう。井上信一『地球を救う経済学』（鈴木出版）第五章参照。

2　新しい経済学を

私が受けた教育では、まず第一に世界史は次のように解釈されていた。はじめは少数の家族で、やがて家族があつまって部族となり、数多くの部族がまとまって国民国家が成立し、さらにそれが膨張して大きな地域的結びつき、つまり「何々合衆国」が作られる、そして最後には、単一の世界政府の成立が期待されるという図柄である。だが、この一見筋の通った解釈を教えられた後現実に見たのは数多くの国が分裂してゆく姿であった。国際連合は二十年前に五、六十ヵ国で発足したが、現在加盟国の数は百二十となり、なお増加をつづけている。私が青年のころ、これは「バルカン化」と呼ばれてたいへんよくないことと見なされていた。とはいえ、私が少なくとも過去五十年の間に目撃してきたのは、いたるところでの「バルカン化」、すなわち大きな単位がますます小さな単位に割れてゆく変化の激しさである。さて、この現象は人を考えこませる。起こっていることがすべて正しいとはかぎらない。だが、それが起こっていることに少なくとも注目するべきであるのは疑いない。

　第二に、私が教えこまれたのは、国の繁栄には領土が大きくなくてはならない、大きければ大きいほどよい、とする理論であった。たとえば、チャーチルが「ドイツの黒パン公国[1]」と呼んだビスマルク以前のドイツをながめ、つぎにビスマルク帝国をながめて見よ。ドイツの大繁栄は統一によってはじめて実現したことは明らかではないかと。ところが、現在世界でもっとも繁栄している国々をぜんぶ表にあげてみると、その大半は小国であることがわかる。また世界の大国をあげてみると、その大部分は貧しい国であることがわかる。このこともまた、考えさせるものを含んでいる。

そして第三の問題として、私は「規模の経済」という経済理論を教えこまれた。それは国家と同様、商業でも工業でも、現代技術の影響でますます巨大化していく、抗《あらが》いがたい傾向があるという考えである。さて、昔にはたぶんなかった大企業組織が今日あることは事実である。とはいえ、小さな単位の数もアメリカのような国々で減ってはおらず、こういう小単位の多くが業績をあげ、社会の本当の進歩に大いに役立っている。そこで、私や同世代の大半の人たちのような教育を受けてきた人間にとっては、事態はたしかに謎《なぞ》である。

今日でも、巨大な組織はどうしても必要なのだといわれている。しかし、巨大な組織がつくられる場合、なにが起こっているのだろうか。ゼネラル・モーターズを考えてみよう。同社のスローン会長の大きな功績は、この巨大会社の構造を、どれ一つとってみても巨大ではない、複数の会社の連合体に事実上つくり変えたことである。そして、私自身の勤務先の、ヨーロッパの最大企業の一つである英国石炭公社で、同様な試みがおこなわれている。巨大組織としての一体性は維持しながらも、「準会社」と呼ぶものの連合体のように運営され、そうした「雰囲気」をもつやり方で、公社の組織づくりをしようと真剣な努力がおこなわれている。一枚岩の組織に代わって、それは生き生きとした、半自治的な単位がうまく調整された集合体となり、各単位にはやる気と誇りがある。多くの純粋理論家（産業の実態を肌で知っているのかは疑問）は、規模の大きさを偶像視しているが、実社会では小規模（組織）の小回りのきくよさ、人間味、管理のしやすさから利益を汲みとろうという強い動きがあるのである。以上、だれでも簡単に見てとれることを十分に述べてきた。

そこで、この問題を別の観点から眺めて、なにが本当に必要なのかを考えてみよう。他の多くの面でもそうだが、物事をじっくり観察してみると、一見排斥しあう二つのことが人が生きていくうえで必要なことがわかる。自由と秩序がその例である。無数の小規模な単位のもつ自由が必要であり、また大規模な、ときには全世界にまたがる組織のもつ秩序も必要である。なにかの行動を起こすときには、当然小さな組織が要る。なぜならば、行動というものは個人色のきわめて強いものであって、だれでも一度には限られた数の人としか接触できないからである。ところが、イデオロギーないしは倫理、思想の世界になると、世界にまたがる一体性の認識のうえに立って行動しなければならない。別のいい方をすれば、人はみな兄弟だというのは正しいが、現実の人間関係の中で行動しようとするとき、接触できるのは実はごく小人数に限られることも確かである。人類愛をさかんに口にしながら、隣人を敵視する人もいる——同様に隣人とは絶好の関係を結びながら、仲間以外の人たちにひどい偏見を抱いている人がいる。私が強調したいのは、人間には二重の要請があるという点である。

人生の一切の問題にはただ一つの答えはありえない。目的に応じて、小規模なもの、大規模な組織、小さな組織、排他的な組織、開放的な組織というふうに、さまざまな組織が必要になる。ところが、一見矛盾する二つの真理の要請を心の中で調和させるのは、とてもむずかしい。だから人々は、人生において最終的解決をもとめてやまない。これでなければあれ、小規模をとるかそれとも大規模をとるか、いずれかの選択だと主張するのである。したがって、建設的な仕事がしたい人は、特定のことに固執せず、バランスを取り戻すことがその任務となる。現下の情勢にあって私が必要だと信じているバランスの回復とは、さかんな巨大主義の偶像化と戦うことを意味している（もし反対方向での偶像化——つまり大規模組織はすべて悪魔の仕業だとされるならば、その反対側を推さなくてはならない）。

規模の問題は、次のようにもいえよう。この問題で忘れてならないのは、物事を弁別し、より分けることである。どんな活動にも、それにふさわしい規模がある。その活動が活発で、親密なものであればあるほど、参加する人の数は少なく、組成すべきグループの数は多くなっていく。教育を例にとってみよう。在来の教育の方法と、放送大学や教育機器を使う方法との優劣が、さかんにあれこれ論議されているのを耳にする。そこで、この問題を弁別してみよう。なにを教えようとしているのだろうか。すると、ある教科はごく小人数の組でしか教えられないが、ラジオ、テレビ、教育機器などを使って大勢に教えられる教科もあることがすぐわかる。

どんな規模が適当かは、仕事しだいで決まる。規模の問題は、いかなる分野でも重要ではあるが、政治、経済の分野で今日とくに重要である。たとえば、都市の適正規模とはどのくらいだろうか。国の適正規模はどうか、といった疑問もあるだろう。さて、この種の問題は深刻であり、また解決のむずかしい問題でもある。コンピュータを使って答えを出すわけにはいかない。深刻な人生問題は計算を許さない。なにが正しいかを直接計算することはできない。とはいえ、なにが不正かはだれもが実によく心得ている。つまり、われわれには正しいことも間違っていることも、それが極端な場合には認識できるのである。ただし、「これは五パーセント足りないとか、あれは五パーセント余分だ」というような、細かな判断はふつう下せない。

都市の規模の問題をとりあげてみよう。厳密な判断はむずかしいけれども、私としては、都市の適正規模の上限は、たぶん人口五十万人台と見てさしつかえあるまいと考えている。これを超えると、都市のよさはそれ以上増えないことは明らかである。ロンドンや東京やニューヨークのような都市では、何百万人の住民によって町が実質的によくなるわけではないどころか、山積する問題を生み、人を堕落させるだけである。したがって、五十万人台の住民規模を上限と考えてよいだろう。下限はもっと決めにくい。歴史上の最良の都市は、二十世紀の尺度で見るとごく小さかった。たしかに、都市文化のもつ施設や制度は、富がある程度蓄積されないと生まれてこない。だがどのくらいの富の蓄積が必要かは、どんな文化を求めるのかに左右される。哲学、芸術、宗教にはたいしてカネはかからない。「高度文化」と称する宇宙研究とか超現代的な物理学には多額のカネがかかるが、これは人々の本当に必要とするものとはいえない。

　都市の適正規模の問題を持ちだしたのは、これが私には望ましい国家の規模を考える場合、特に役立つと思われたからである。勝手に国境線を引くわけにゆかないのは承知しているが、それでも国家の適正規模という問題を問うことは意味がある。そして、この問いは都市の適正規模の問題と深くかかわっているのである。それはなぜか。これまで述べてきた巨大信仰は、もちろん輸送と通信における現代技術にもとづいている。それは強力な影響を及ぼした。それは人間に故郷離れをさせたのである。何百万人もの人が都市の灯にひかれて村や町を捨てて大都市に移動し、これが都市を病的に肥大化させている。この現象がたぶん典型的なかたちで起こっているアメリカをとりあげてみよう。社会学者は「メガロポリス（巨大都市）」を研究している。「メトロポリス」という言葉では小さすぎて、「メガロポリス」が生まれたのである。社会学者が気楽に論じているところを聞くと、アメリカの人口は三つのメガロポリスに分極化するという。第一は、ボストンからワシントンに及ぶ、建物の切れ目なく続く人口六千万人の地域であり、第二がシカゴを中心とする、やはり六千万人の住むメガロポリス、第三がサンフランシスコからサンディエゴにいたる西海岸で、建物の密集地帯の連続する六千万人の住む地域である。この三地域以外のアメリカ大陸は、ほとんどがらがらで、人気《ひとけ》のない田舎町と農地になり、農地では巨大なトラクターやコンバインが使われ、大量の化学物質が投入されるというのである。

　これが一部の人の描くアメリカの未来像だとすれば、そんな未来はご免である。だが、好き嫌いは別にして、これは人々の故郷離れが進んだ結果である。経済学者がなによりも尊んでいる、すばらしい労働の移動性の帰結なのである。構造というものは絶対に必要である。構造がないと、収拾がつかなくなってしまう。一つの比喩《ひゆ》を使ってみよう。大きな貨物船は、積荷がしっかりと収まっているかぎり、嵐の海もまず安全に航行できる。積荷が動きだし、「定位置離れ」をすると、船はきっと沈んでしまうだろう。あるいは、こんな風に見てもいい。この世界ではすべてのものに構造がなくてはならない。構造がないと混乱がおこる。大量輸送・大量通信が始まるまでは、人はあまり動きまわらなかったので、社会にはおのずから構造があった。もちろん、どうしても移動したい人はたしかに驚くほど動きまわった。その例がアイルランドからヨーロッパ各地への大移動であった。当時、通信もあり、移動もあったのだが、故郷離れは見当たらなかった。現代技術が構造に影響して、それを壊してしまった。今や構造は大部分崩れ去ってしまい、国は積荷のゆるんだ大型貨物船のようである。船が一方に傾くと、荷物が全部そちらへ崩れ、船は沈んでしまう。

　この構造の中で人にとって中心をなすのが国家であることは、いうまでもない。そして、この構造化（という言葉が許されるならば）の主な要素・手段が国境である。さて以前、つまり技術が介入する前には、国境の意味はまずもっぱら政治的・王朝的なものであった。国境は、戦争に何人徴兵できるかを決める政治力の境界を意味していた。経済学者は、このような国境が経済に対する壁になることに反対して闘ったわけで、ここから自由貿易のイデオロギーが生まれた。だがその当時は、人もモノも動きまわることはなかった。輸送にはカネがかかったので、人とモノの動きはごく一部に限られていた。工業文明以前の時代の貿易は、必需品の取引ではなく、宝石、貴金属、奢侈《しゃし》品、香料の取引であった。生活の基礎的必要品は、いうまでもなく、地元で生産された。したがって、人の移動は、災害の場合は例外として、アイルランドの聖者やパリ大学の学者といった、特殊な動機があって移動する人たちに限られていたのである。

ところが、今やあらゆるモノや人が動きまわるようになってきた。そのため、すべての構造が脅かされ、かつて見られなかったほど脆《もろ》くなっている。医者や心理学者が現代社会を語るとき「ストレス社会」と呼ぶ。生活がこんなに楽で生活水準が昔よりはるかに上がっているのに、なぜ「ストレス社会」となるのだろうか。その理由は、世界のどこかでなにかが起こると、それが人をその進路から吹き飛ばしてしまうからである。ある事業が今日は順調、つまりみんながそれを学び、それに習熟していても――世界のどこかでなにかが起こり、その結果明日には事業が採算割れになって廃業のやむなきに至る。私のいいたいのは、これはすべて高速で廉価な輸送と即時の通信によって生まれた「故郷離れ」の帰結なのである。

ケインズが歯科医にも似たつつましい職業となることを望んだ経済学は、突如いちばん重要な学問になった。経済政策は政府の関心をほとんど独り占めにしているが、同時にかつてなかったほど無力になっている。たった五十年前にはらくらくとできた、ごく簡単なことが今では手に負えない。社会が豊かになればなるほど、価値はあってもすぐには採算に乗らないことをするのがむずかしくなる。経済は外交政策のほとんど全部を呑みこんでしまうほどになっている。「いやね、たしかにあの国とは手を組みたくないけれど、経済的に依存しているので、ご機嫌をとらなければならないんだ」という具合である。経済が倫理を呑みこみ、経済以外のおよそ人間的な考慮を封じこめがちである。さて、これは明らかに病的な現象であり、その原因はもちろん多岐にわたるだろうが、だれの目にもはっきりしている原因の一つは、現代の輸送・通信技術の長足の発達である。

高速の輸送や即時の通信が、自由の新しい地平を切り開く（つまらないことがらではそのとおりだが）と深くも考えずに信じている人がいるが、彼らの気づいていないのは、こうした技術の発達の破壊的な影響を抑えるために、意識的に政策を実施し意識して行動しないかぎりは――この点に注意してほしい――、すべてがひどく脆く、不安定になってしまい、最後には人間の自由も破壊されてしまうかもしれないという点である。

ところで、このような破壊的な影響力というものは、大国の場合にいちじるしいことは明らかである。というのは、先に述べたように、国境が一つの「構造」になっていて、それを越え母国を捨て、外国に移住しようとするのは、母国の中で移動するよりはるかに難事だからである。そこで、故郷離れの問題は、国が大きいほど深刻になる。破壊的影響は、豊かな国でも貧しい国でも見てとれる。アメリカのような豊かな国では、前に触れたように、「メガロポリス」がそこから生まれている。またこの影響で、故郷を喪失して、社会の中に自分の位置を見つけられない「落ちこぼれ」という、始末におえない難問題が増えている。これと直接むすびついたかたちで、犯罪、疎外、ストレスや家族崩壊にまでいたる社会秩序の分解という深刻な問題が起こっている。貧しい国の場合、これもまた大国でいちじるしいのだが、都市への大量移住と大量失業が発生し、農村が活力を奪われるのに伴って、飢えの危険が現れている。この結末は、社会の内的なまとまりのない、底しれぬ政治不安にさらされた「二重社会」である。

以上の例証として、ペルーをとりあげてみよう。太平洋岸に面する首都のリマは、たった四十数年前の一九二〇年代はじめ、人口十七万五千人を擁《よう》していた。現在の人口は三百万人に近い。かつては美しかったスペイン風のこの町も、今ではスラム街がいたるところにあって、それをアンデス山脈の麓《ふもと》まで続く貧窮地帯が取り巻いている。だが、それで終わらない。農村から毎日千人の割合で人が流れこんでくる。これをどう止めたらよいのか、だれにも見当がつかない。市の後背地に住む人たちの社会構造もしくは心理構造が壊れてしまった。彼らは故郷に落ち着いていられず、リマに流れてきて、空き地に座りこみ、警官がやってきて叩《たた》いて追い払おうとしてもかまわず、泥小屋を建てて仕事探しをする。そして、これらの人たちをどうしたらよいのか、だれも見当がつかない。流入を止める方法を知る人は一人もいない。

このように、だれかれを問わず故郷を離れ、またすべてが落ち着きを失ってくると、構造という概念が思考力と想像力を動員して取り組むべき真の大問題になる。そして、前に述べたように、構造の第一の手段こそ国境をもった国民国家なのである。私が確信しているところでは、大きな国が故郷離れのこの時代を生き延びうる唯一の条件は、高度に結合された内部構造をつくりあげること、その結果としてそれぞれに政府機関をふくめ、都市に結合できる文化と便宜のすべてを供給する能力のある首都をもつ、比較的小さな国のゆるい連合体になること、である。政府機関をもたない都市はもちろん一級ではない。だが、どうしたら小さい国は「生存能力」をもてるのだろうか。

かりに一八六四年、ビスマルクがデンマークの一小部分ではなく、全土を併合し、以後なにごとも起こらなかったと想像してみよう。この場合、デンマーク人はドイツの中の少数民族となり、公用語はもちろんドイツ語なので、二重言語を使うことによってデンマーク語を死守しようとするだろう。しかし、デンマーク人は、完全にドイツ人にならないと二流の市民でしかない。そこで、野心と意欲にあふれたデンマーク人が、完全にドイツ人化して南下する動きは抑えられないだろう。となると、首都のコペンハーゲンの地位はどうなるのだろうか。辺鄙《へんぴ》な地方都市ということになるだろう。また、フランスの一部としてのベルギーを考えてみてもいい。首都ブラッセルの地位はどうなるだろうか。これもまた単なる地方都市であろう。この点を詳しく述べる必要はあるまい。さて、ではドイツの一部であるデンマーク、フランスの一部としてのベルギーが、突然独立を求めて昨今「ナッツ」[2]という可愛らしい名前のものになったと想像しよう。これらの「非国家」が経済的に生きていけないとか、独立要求は、さる著名な政治評論家の言葉を借りれば「青くさい感情論、政治的な未熟、経済への無理解、無恥な日和見主義」であるといった激しい議論が延々とつづくことだろう。

独立した小国の経済をどう考えたらいいのだろうか。問題外の問題というものを論議することができるだろうか。実をいえば、国家の生存能力というようなものはなく、あるのは人間の生存能力という問題だけである。みなさんや私という具体的な人間が自分の足で立ち、自分を養っていければ、それが生存能力があるということなのである。もともとその能力のない人間をたくさん集めて大きな社会をつくりさえすれば、生きていけるものではなく、また現に能力のある人たちを、大きなグループから、仲がよくてまとまりがよく、管理もしやすい数多くの小集団に分けたからといって、生きてゆけなくなるはずはない。こういうことは明々白々であって、論議の余地もない。次のような質問をする人がいる。「豊かな州が一つと貧しい州のいくつかから成る国で、豊かな州が分離・独立したらどうなるだろうか」。これに対する答えは、まず「格別なにも起こるまい」であろう。豊かな州は相変わらず豊かだろうし、貧しい州はやはり貧しいだろう。「だが、かりに分離・独立前に豊かな州が貧しい州に補助金を出していたとしたら、どうなるのだろうか」。その場合は、もちろん補助金は出なくなる。しかし、金持ちが貧乏人に補助金を出すというのはまずないことであって、ふつう金持ちは貧乏人を搾りあげているのである。金持ちはこれを交易条件の操作でおこない、おそらく直接には搾取《さくしゅ》しないだろう。税収入の一部を戻すとか、ごく少額の義捐金《ぎえんきん》のようなもので現実をちょっとぼやかすことはするだろうが、貧乏人との縁を切るのは最後の最後である。

通常起こるのは、これとまったく違って、貧しい州が豊かな州から分離しようとし、豊かな州は国内の貧乏人を搾取するほうが外国の貧乏人を搾取するよりもはるかにやさしいことをよく心得ているから、現状維持を主張するというかたちである。さて、かりに貧しい州が、補助金を失うのを覚悟のうえで分離しようとした場合、これにどのような態度でのぞんだらよいのだろうか。

これに結論をあたえるべきだというのではなく、考え方が問題なのである。それは賞賛と尊敬に値する要求ではあるまいか。人々に自由で自立した人間として独立してもらいたいのかどうか。こうしてまた、これは「問題外の問題」なのである。であるからして、私はあらゆる経験に照らしてみて、生存能力の問題などないといいたいのである。かりにある国が世界中に輸出し、世界中から輸入したいからといって、そのために全世界を併合する必要があるなどという話は、聞いたことがない。

大きな国内市場が絶対に必要だという主張はどうだろうか。もし「大きな」の意味が、政治的な境界線の上で考えられているとしたら、それは錯覚である。活発な市場のほうが貧しい市場よりもよいのはいうまでもないが、その市場が政治的境界線の内にあるか外にあるかは、一般的にいえばほとんど意味がない。たとえていえば、きわめて活発なアメリカ市場にフォルクスワーゲンをたくさん売りこむために、ドイツはアメリカを併合するしかないなどという話はないのである。ところが、もし貧しい国か州が、豊かな国か州に政治的にむすびつけられているか、政治的支配を受けているとすれば、話はまったく違ってくる。なぜだろうか。それは、人の移動のはげしく故郷離れのすすんでいる社会では、不均衡の法則が均衡の法則よりはるかに強くはたらくからである。成功者はますます成功し、敗者は敗北を続けるのである。そこで、成功した州は敗北した州から活気を奪いとる。強者を抑える防壁がないと、弱者には成功の望みはなく、弱体のままか、強者のところに移動して合体しなくてはならない。弱者には自活の途《みち》がないのである。

二十世紀後半の大問題は、人口の地理的な配分の問題、つまり「地域主義」の問題である。ただし、ここで地域主義というのは、多くの国家を自由貿易制度に組み入れる地域主義のことではなくて、それぞれの国の中ですべての地域を発展させるという、反対の意味のものである。これこそが、今日すべての大国で解決を迫られている重要課題なのである。今日多くの小国に見られる民族主義や自治といわゆる独立への要求とは、このような地域の発展の必要性に対応する、まさに論理的・合理的な動きである。特に貧しい国では、地域開発が成功しないかぎり、つまり首都ではなく、どこに人々がいようとも、農村での開発努力がおこなわれないかぎり、貧しい人たちには希望の光がささない。この開発努力がおこなわれないと、貧しい人たちとしては、今住んでいる土地で相変わらずみじめな暮らしを続けるか、大都市に移住するかしかないが、大都市の暮らしはもっとみじめなものだろう。今日の経済学の知恵では貧しい人たちをいっこうに助けられないというのは、じつに異様な現象である。

現に豊かな人をますます富ませ、権力のある人の権力を強めるような政策しか現実にはとれないことが常にはっきりしている。また、産業開発が採算に乗るのは、それが農村ではなく、首都か大都会にできるだけ近接した場所でおこなわれる場合に限る、ということもわかっている。大きなプロジェクトが小さなプロジェクトより常に経済的であり、資本集約的なプロジェクトが労働集約的なプロジェクトよりいつも優先されていることもわかっている。現代の経済学が採用している経済計算は、機械は人間のように誤りをおかさないという理由で、工場の経営者に人間的要素を排除させる。そこで、多大の努力を払ってオートメーション化と工場の大型化がおこなわれる。ということは、労働者の交渉力が非常に弱くなるということである。今日経済学として教えられている政策は、開発の真の受益者であるはずの貧しい人たちを素通りしてしまう。巨大主義とオートメーションの経済学は、十九世紀の環境や思考の「遺物」であって、今日の真の問題をなに一つ解決する能力がない。まったく新しい思考の体系が必要になっている。第一にモノではなく人間に注意を向ける思考の体系が求められているのである（モノはあとから自然についてくる！）。その思想は「大量生産ではなくて大衆による生産」と要約できるだろう。とはいえ、十九世紀には不可能であったことが、現在では可能になっている。十九世紀には事実上無視されてきた――それは不可避だったとはいえないが、少なくとも相応の理由はあった――ことが、今日ではもはや放置できなくなってきた。それはなにかといえば、厖大《ぼうだい》な科学・技術の潜在力を意識的に使って、貧窮と人間の堕落の二つと戦うことである。この戦いは、国家をはじめ顔のない抽象的組織と手を組むのではなく、具体的な人間、個人、家族、小集団との緊密なつながりのもとでおこなわれる。その前提として、この緊密さを保証する政治的・組織的な構造が求められる。

民主主義、自由、人間の尊厳、生活水準、自己実現、完成とは、なにを意味するのだろうか。それはモノのことだろうか。人間にかかわることだろうか。もちろん、人間にかかわることである。だが、人間というものは、小さな、理解の届く集団の中でこそ人間でありうる。そこで、数多くの小規模単位を扱えるような構造を考えることを学ばなければならない。経済学がこの点をつかめないとすれば、それは無用の長物である。国民所得、成長率、資本産出比率、投入産出分析、労働の移動性、資本蓄積といったような大きな抽象概念を乗り越えて、貧困、挫折、疎外、絶望、神経症、犯罪、現実逃避、ストレス、混雑、醜さ、そして精神の死というような現実の姿に触れないのであれば、そんな経済学は捨てて、新しく出直そうではないか。出直しが必要だという「時代の徴候」は、もう十分に出ているのではないだろうか。

訳注

〔1〕一九三九年秋、ドイツがポーランドを侵略して第二次世界大戦が始まったとき、チャーチルがおこなった演説の言葉。

〔2〕「ナッツ」はスコットランドやウェールズのナショナリストを意味する略語。

3　規模の臨界点

統計の専門家がいうには、サービス産業で「完全雇用」されている人の比率は、工業労働者の比率が落ちているのと反対に、増加をたどっている。これは深甚な影響をもつ動きである。財の生産は機械に任せることができるし、また事実そうなっており、その結果いわゆる生産性が向上し、所得の増加が可能になった。生産性の向上はサービス産業の場合はどうなのだろうか。サービスの提供を機械に任せることができるだろうか。答えは断然ノーである。サービスというものから人間的要素を取り去ると、サービスが失われてしまい、それを労働節約的方法で代替できるかどうか確かではない。仲間にサービスを提供するという人間の欲求は、機械による代替が起こると満たされない。人間的要素が消滅するからである。

もちろん、その要素が全面的に消滅することはありえない。そして、生きた人間が生きたサービス——教師、看護婦など多くの職種——を提供するかぎり、生産性の向上は、それがまた人間ではなく機械にたよるものでなので、一般的には望めない。賃上げが生産性の向上に左右されるかぎり、サービス産業は傾向として立ち遅れる。ところが、当然のことながら、サービス産業の従事者は他産業に遅れまいとする。その結果、サービス産業のコストは他産業より速やかに上がり、「合理化」への圧力が強まる。ところが、どうしたらサービス産業を合理化できるだろうか。唯一の方法は、人間的要素を減らし、機械をいれるか、サービスを減らすことである。サービス産業の生産性をあげコストを減らす努力は、そこでどうしても人間的要素をさらに消滅させる結果になってしまう。

私のこの叙述が正しいとすると、そこから出てくる結論は人にサービスを提供する欲求がますます満たしにくくなっているということである。この点は、サービス会社や組織の規模が大きくなり、また効率の追求で中央集権化がすすみ、組織化がいちだんと「科学的に」おこなわれるにつれて、いっそう複雑になってくる。

それにはいくつもの理由があり、社会学者やシステム専門家が多少とも体系的に検証してきた。だが、対人関係のような人間的要因が一定の親密さに依存するものであり、だれもが多数の人との間では持てないという点を理解するには、社会学やシステム分析の専門家である必要はない。われわれは一生の間に何人と知り合いになるだろうか。その人数を書きあげるとなると、その数は驚くほど少ないことがわかるであろう——おそらくは数百人ぐらいで、まず数千人には達しまい。私があるグループのメンバーとして働く場合、私はグループの一人一人との付き合い方だけではなく、一人一人がお互いにどうかかわりあっているかも知る必要がある。グループ内部での一人対一人の関係の数は、グループの規模が大きくなるにつれてグループのメンバーの数よりもずっと早い速度で増える。三人のあいだでは対人関係は三つある。十二人では六十六、百人のグループでは四千九百五十となり、これは一時に人が念頭におくことのできない数である。事実上は、大きなグループとか集団は、組織図で規定しているか否かに関係なく、不可避的に小さなグループに分裂する。いろいろな構造が生まれ、それは通常階層秩序をなしている。つまり、頂上と底辺のあいだに多くの「階層」があるのである。成員のだれにもボスがいる。小ボスには中ボスがいて、またその上という具合に、「無限」にではないが一般的に権限が階層をなしている。組織が大きくなればなるほど、階層の数は多くなる。

このような構造は、最高のボスをも含めた全員がまもるべき、多くのルールや規則なしでは機能できない。そこで、各階層には若干の裁量範囲があるにしても、だれも自分勝手に動けない。最高のボスでさえ例外ではない。

人間にとって基本的に必要なことの一つは、自分の道徳心にしたがって行動できることである。大規模組織のなかでは、このような行動をとる自由は極端に制限されている。われわれの第一の義務は、ルール、規則を破らないことである。このルール、規則は人間が作ったものではあっても、それ自体は人間ではない。いかに細心に練りあげられたものでも、融通のきく「人間味」が欠けている。

組織が大きくなるにつれて、その成員が道徳的存在として自由に行動するのがむずかしくなり、次のような言葉を発する機会が増える。「申し訳ありません。自分のしていることが正しくないのはわかっていますが、それは指示なのです」とか、「その規則を実施するために私は給料をもらっているのです」とか、「あなたのご意見に賛成です、あなたは問題を上層部か国会議員にもちこむことができるでしょう」

その結果、大規模組織は往々にしてきわめて行儀がわるく、反道徳的で、愚劣でかつ人間性にもとる行動にはしるが、それは組織内部の人間の性格によるのではなく、ただ組織が巨大さの重みを引きずっているからなのである。内部の人間はそこで部外者の批判にさらされる。この批判はもちろん正しく、必要なものではあるが、相手を間違えている。悪いのは内部の人間ではなくて、組織の規模なのである。つまり、くるまが排気ガスを出すからといって運転手をなじるようなものである。天使でもくるまを運転すれば空気を汚すだろう。

これが随所にみられる袋小路である。組織の中の人間は行動の自由がないので道徳的な挫《ざ》折《せっ》感《かん》を抱き、他方組織外の人間には、ごく少数の例外をのぞき、その正当な道徳的不満に前向きの答えがえられず、単に逃げ口上の、無意味な、慇懃《いんぎん》無礼《ぶれい》な答えか、ないしはまさに威《い》丈高《たけだか》な反論しか返ってこないことが多い。

反道徳的な社会における道徳的な個人をテーマに多くの本が書かれてきた。社会が個人から成り立っている以上、それがその成員以上に不道徳でありうるだろうか。社会が不道徳になるのは、その構造が道徳的な個人に各自の道徳心にしたがって行動させなくしている場合である。そして、この恐るべき結果をまねく一つの道は、組織を極端に肥大化することである（組織の規模とか一般的に社会の構造とは関係なく悪をおこなう悪い個人はいない、などと主張しているのではない。社会がおかしくなるのは、普通の、まっとうな、無害な人々が悪をおこなうときである)。

健全な人にいちばん必要なことは次の三つである。創意を発揮して生産すること、サービスを提供すること、そして自分の道徳心にしたがって行動すること、である。この三点のすべてにおいて、現代社会は大多数の人をほとんど常に不満の状態に追いこんでいる。この不満が人々を不幸にし、不健全にする。ときには暴力的に、ときには無気力にする。不満のあげく、人々は自分の価値を疑い、無力感にとらわれる。感受性の鋭いイギリスの労働者が次のようにいっている。

私がはたらいている工場は労働者に職場の内外でたくさんの仕事を与えようという野心的な企業集団の一つです。厚生施設はたくさんありますが、利用者の比率は低い。たぶん私の場合のように、みんなは厚生というものが会社の傘の下にだんだんと組みこまれてゆくのに我慢できないのでしょう。厚生だけではありません。会社は社員の面倒見がよいということを見せつけようとしています。共同生活の内部にチャリティーの手がはいりこんできます。工場が労働者にもたらす倦怠感を癒《い》やそうとして、いらない無理をしています。原因には手をつけず、結果の処置がおこなわれます。労働者がありがたいと思わないのは当然です。

ライト・ミルズが述べている。「人を疎外させる現代の仕事のあり方は、賃金労働者と同様俸給生活者をも包みこんでいる。少なくとも一部のホワイトカラーの仕事と性格が似ていない……賃金労働は、たとえあったとしてもごくわずかである」〔1〕。デーヴィッド・ジェンキンスは「仕事の力」についての近著のなかで次のように述べている。「もともと製造業での利用のために開発され、他部門の仕事にも応用された管理技術が磨きをかけられるにつれて、ホワイトカラーやサービスの仕事の環境は、この部門の重要性が増すのに伴い、確実に悪化してきた。人間性を損なう管理技術が洗練された結果、疎外という面ではホワイトカラー労働者はブルーカラー労働者に近づいている」

疎外、不満、倦怠、荒《すさ》み、反発、感謝の欠如……と現代社会の最大の失敗は仕事の面で起こった。「楽しんで仕事している」と正直に、しかも説得力をもっていえる人は、驚きと羨望の的になっている。社会学者の言によれば、仕事は純然たる手段になってしまった。スポーツとちがい、大多数の人にとって仕事の喜びは消えてしまっているので、それは喜びのためではなく、生活のためにいやいやするものとなった。仕事をせずに暮らせる人は、仕事を本当に楽しんでいる人よりはるかに羨《うらや》ましがられる。ここに現代社会の虚偽がある。ボスたちは相当の労働には相当の労賃〔2〕というが、多くの人にとってはこの「相当の労働」は言葉の矛盾になってしまっている。

人間の力というものは、懸命に仕事をし、創意を生かして働き、サービスを提供し、道徳心にしたがって行動するとき最大に発揮される。喜びのない、無意味な、「疎外」された労働には力が欠けている。イギリスの労働者の言葉をもう一度引用しよう。

工場の改革を期待するのはたぶん間違っているでしょう。結局、工場は人間ではなく、機械を置くためにつくられているのです。工場のなかに入れば電力でつくられた鉄鋼が血のかよう人間より重要視されているのがわかるでしょう。機械が責任者であって、それを操作する人間が付属物のように見えるほどです。人間が機械に似てくるように、機械は人間に似てくる……機械が脈動する一方で人間はロボット化します。みんなが組織に縛られていて、しかもその組織の規模は人間の手にあまるほど大きいので、人間を無価値、無力なものに感じさせます。

もしこうだとすると——ここまでひどければ——人間は欲求不満で本来の力を失ってしまう。この種の機械化をさらに押し進めても、またこの種の組織を近代化したり整備したりしても、人間の力を回復させ現在の苦境から抜けださせることはできない。まっとうな生活をつづけられるかどうかは今や技術や組織をまったく新しい目で見直すことにかかっている。

この普遍的な規模の問題が体系的にほとんど研究されていないのは驚きである。アリストテレスはその重要性を知っていたし、量の変化はある限度を超えると質の変化になると主張したマルクスもそれを知っていた。アリストテレスはいっている。「国というものは他のもの、すなわち植物、動物、道具の大きさに限界があるのと同じく規模の限界がある。これらのものは、大きすぎたり小さすぎたりすると、本来の力を維持できないばかりか、その性質も完全に失われるか、損なわれてしまう〔3〕」

組織というものは、この「他のもの」と同様、その性質が完全に失われるかひどく損なわれるほどの規模にまで成長しうる。あらゆる種類の貧しい人々にさまざまなサービスを提供するために、ある組織がつくられるとすると、それはたえず成長して、ある時点でもはや人々の役に立たず、人々をこき使うだけだということがわかる。組織が「官僚化」したという不満がつのり、官僚非難が起こるだろう。「無能な」ボスを排してもっと有能な人物をいれよとの要求もでてこよう。ところが、官僚主義が過大な規模に必要かつ不可避の随伴物であることを理解している人は少ない。官僚が官僚的たらざるをえないこと、そしてボスの表面的な無能ぶりがその力量とは無関係なことも理解されていない。

そもそも大規模組織が機能するには、精緻な管理機構を必要とする。管理は特別に勤勉な人々だけができる、きわめて困難で骨の折れる仕事である。大規模組織の管理者は、現場の問題や状況に具体的に取り組むことはできない。抽象的な取り扱いしかできない。たとえていえば、本物の足に合う完璧《かんぺき》な靴をデザインする楽しみをもてない。その仕事とは、あらゆるタイプの足を対象としてそれに合う混成靴をデザインすることである。現実は無限に複雑であるから、個別のケースに合う特殊なルールをつくるわけにはゆかないのである。管理者の仕事とは、あらゆる可能なケースを想定して、それにあてはまる最小数——まさに最小の中の最小の——ルールをつくることである。人はだれでも、人生はしばしば小説より奇であることを知っている。そこで管理者の直面する二律背反は厳しいものとなる。無数のルールをつくると、それを実施するのに多数の小管理者が必要となる。一方、ごくわずかなルールだけにすると、特別扱いを要する困難なケースや異例が限りなく出てくる。特別扱いは、しかし先例となり、事実上新しいルールなのである。

これと同時に、組織は全体として別の二律背反に直面する。最優秀の人材を管理部門に投入するか——その場合現場の営業部門では人材不足になる——、あるいは現場に投入するか——その場合無能な管理から現場の不満がつのるかもしれない——の選択である。

この（きわめて荒っぽい）分析が多少とも正しいとするならば、結論は明白である。すなわち、管理上の必要要件が最小となるような規模で組織単位をつくること、がそれである。言葉を換えていえば、ルールや規定の必要を最小限におさえ、一切の困難なケースはいわば現場で相手と膝《ひざ》をつきあわせ、先例をつくらずに解決できるよう、組織の単位を人間の背丈にあわせるのである。なぜなら、ルールがなければ前例もありえないからである。

管理の問題はこうして規模の問題に帰着する。小さい単位は、特別優秀な能力をもつ常勤の管理者を必要としないという意味で自己管理的といえる。すべてがうまくいっているかどうか、なすべきことが適材によって適時になされているかどうかをだれもが監視できる。

アリストテレスがいったように、物事は大きすぎても小さすぎてもいけないと私は付言したい。他のものもそうだが、どんな組織にもそれが効力を失ってしまう直前の「臨界規模」があると私は信じている。ただ、これはだれもが本能的にわかっているのであえて強調する必要もない考えである。強調する必要があるのは、この「臨界規模」が大衆社会では多くの人々が考えているよりはずっと小さいのではないか、という点である。

過大な規模は、管理における二律背反を生むばかりでなく、多くの問題の解決をむずかしいものにしてしまう。この意味の説明上、二千人の人口の島を想像していただきたい。最近独立を要求した、この規模の島が私の念頭にある。そのような島では、犯罪はまれである。常勤の警察官はたぶん一人いるか、いないかであろう。しかし、ある犯罪が起こって、何人かが刑務所送りとなり、さらに年一人の割合で出所すると仮定しよう。この元囚人一人を島の社会に復帰させるのは簡単である。だれかが、島のどこかで彼に家となんらかの仕事をあたえるだろう。問題はまったくない。

イギリスには二千人ではなく、五千万人の人口があり、刑務所から戻ってくる元囚人の数は年間約二万五千人である。算術では、

二、〇〇〇　対　一　＝　五〇、〇〇〇、〇〇〇　対　二五、〇〇〇

となるが、この等式は正しくない。マルクスが量の変化は質の変化を生むと述べたとき、彼は算術が想定するよりも現実をよく見ていた。小さな島の二万五千倍の大きさの社会に二万五千人の元囚人を復帰させることは、量的にはもとより質的にもまったく別種の問題、つまり内務省や矯正事業所等の数多くの組織の献身的な努力をもってしても解決しがたい問題なのである。社会復帰の仕事に投じられる努力と資金が少なすぎるということなのだろうか。囚人援助の機関を増設し、人とカネを増やせば問題は解決されるのであろうか。解決されるかもしれないし、されないかもしれない。私は解決不能とみる。ただ、問題の核心は、小さな島にはこの問題がないという点である。つまり、エンジンが小さいので、排気ガスを飲みこんでしまうのである。あるいはこうもいえる。民衆の力は問題が新たな問題をひきおこすのを防いでくれる。犯罪が問題となるのを防ぐだけでなく、犯罪の結果が新たな問題をひきおこすのを防いでくれる。

　これは確かに息を呑むような重要なことがらである。民衆の力が問題を解決するのではなく、問題の発生を防ぐのである。むろん、問題の起こるのを防ぐには、いくらかの仕事が必要だが、それは民衆が喜んでするような仕事である。というのは、生きがいを感じるためにはそれをする必要があるからである。道徳心の促しに従う欲求があり、仲間にサービスする欲求があり、創造的な生産をする欲求がある。だから、なにかをしたいときわれわれは報酬を期待しない。それどころか、数知れない人々がこういっている。「これがやりたい。無報酬でいい、実費の支払いさえいらない。私がしたいことなんだから」

問題は、どうしたら民衆の力を十分に「発揮させる」かにある。小さいスケール、人間の背丈に合ったスケールを採用するのがその答えである。私としては、個々の場合に応じて「人間の背丈に合ったスケール」をいかに定義できるかわからないので、この点で独断に走るのは避けたい。多数の人がまったく同じ仕事をする場合——たとえば二十人の第一バイオリンと二十人の第二バイオリンを擁する大オーケストラ——人数で表される妥当なスケールは、一人一人が別々の仕事をおこなう場合のそれとは疑いなく違う。こういうわけで、簡単な、どんな場合にもあてはまる答えはない。世間でいうように、「馬にはそれぞれ得意のコースがある」。だが、コースに応じた馬なのである。現代社会に弥漫《びまん》している、大きければ大きいほどよい、というものではない。

政府の組織であれ、無報酬のNGO組織であれ、その規模が地域的にも人数からいっても適切でないかぎり、人間味や民衆の力の動員というものは空論にとどまる。「適正規模」とはむずかしい概念である。試金石は人々の反応である。彼らは個人として気配りができるか、個人として配慮されているだろうか。私自身は、「巨大さによる合理化」に毒された社会のなかで条件づけられたわれわれが考えているよりもずっと小さい単位を、念頭におく思考になれてゆくべきだと思っている。小さいスケールなら民衆の力が発揮できるのに、スケールが大きくなりすぎるとこの力が空転し、不発となる。適正規模が正確になんであるかについては、私に答えはない。それを見つけだすには、実験をおこなわなくてはならない。私は、たとえば平均二百万人から二百五十万人ぐらいの人口の二十から二十五の単位でイギリスが構成されるかたちを空想している。各単位からあがる税金のうちごく一部を除いて、すべてが当該単位に戻され、その都合に合わせて使用される。各単位が別々の国であるかのようであり、もし混乱に陥った場合に救ってくれる中央「政府」がなくて、各単位は自らの運命の主人公になるであろう。そうなれば、民衆の力はイギリス中を覆う現象になるだろう。私は世界の一部の国、たとえば中国や、これとはまったく異なる制度の社会でもこれが起こりつつあるのを目にしてきた。民衆の力を見いだし、これを動員することは、これまで豊かさを享受してきた欧米社会にとって生き残りの条件そのものかもしれない。

訳注

〔1〕邦訳『ホワイト・カラー』杉正孝訳、東京創元社。
〔2〕チャールズ・ディケンズ『互いの友』田辺洋子訳、こびあん書房。
〔3〕アリストテレス『政治学』山本光雄訳、岩波文庫。

第三章　仕事と余暇

1　歪《ゆが》んだ仕事は歪んだ社会しか生まない

ダンテが地獄絵を描くとすると、工場のアセンブリーラインの、頭を使わない、反復また反復の労働の退屈さをそこに含めていただろう。その退屈さが創意を失わせ、頭脳をむしばむ。それなのに、何百万人ものイギリスの労働者は一生の大半をそうした労働に捧げているのだ。

驚くべきことは、「タイムズ」紙上の右の一文が、従来の同趣旨の数知れない文章と同様、まったく注目されなかったことである。強く否定もされず、苦渋に満ちた同意もなく、反応ゼロであった。強烈でひどい言葉――地獄絵――頭を使わない、反復また反復の退屈さ――創意を失わせ、頭脳をむしばむ――何百万人ものイギリスの労働者は一生の大半を捧げるといった言葉は、誤解にもとづくものであり、言い過ぎであるとか、無責任ないしはヒステリックな誇張、あるいは破壊的な宣伝だという非難・叱責など一切受けなかった。それどころか、人々はそれを一読して、たぶん溜め息をついてうなずき、それからまた仕事をつづけた。

エコロジスト、環境保全主義者、未来を憂える人たちや警世家でさえ、反応しなかった。かりにある人が人間がつくった仕組みの結果、何百万匹もの鳥やアザラシやアフリカの動物保護区の野生動物の自発性が失われたり、脳が損なわれたという断定を下したら、たちまち反論されるか、ないしは深刻な問題とみなされるであろう。かりにある人が、何百万人のイギリス労働者の心だとか魂、頭脳ではなく、身体が損なわれていると断言したとすると、相当な関心が払われるだろう。なにしろ、安全規則や検査体制、損害賠償の要求等々があるのである。事故や労働者の健康を損なう物的条件を避ける義務は経営者はみな承知している。だが、労働者の頭脳、心や魂は話が別である。

イギリス政府出版局が出した準公式報告書は「公害は厄介物か天罰か」と題されている。そのなかには、何百万人もの労働者の創意を失わせ、頭脳を損なっている、人間がつくった仕組みへの言及はない。そして実は、読者の側もそうした言及を期待していないだろう。読者が期待し、報告書のなかに見いだすのは、「若干の有害汚染物質」――DDTやPCB、金属、燐酸、硝酸、硫化ダイオキシン等々――についての科学的な論述であり、現代の危険――癌《がん》、嬰児《えいじ》の先天性欠損症と突然変異――に関する警告であって、それがすべてである。

読者は報告書の執筆者の結論としての次の期待に完全に賛同するであろう。「われわれは社会の教育と情報が行き渡り……その結果公害が抑えられ、世界の人口と資源消費とが恒久的で持続可能な均衡状態に向かうことを期待する。これがおこなわれないかぎり遅かれ早かれ——残された時間はほとんどないという説もあるが——文明の没落は科学小説の空想ではなく、われわれの子供や孫の経験することになる」

しかしながら、これでは読者——平均的な読者——が、何百万人の労働者の創意の喪失と頭脳の低下こそが最悪の公害、最大の危険、そして「文明の没落」を避けるためになにか手をうつべきもっとも重大な危険かもしれないという考えに思い及ばないだろう。

かりに頭脳の低下を公害の一種とみるのがこじつけではないかといわれるとしても、この問題を、これまた政府出版局から出た姉妹本である「自然資源：生き残りのための力」がとりあげるのを期待するのはおそらく不当ではあるまい。資源のなかでもっとも重要なものは、いうまでもなく、人間自身の創意、想像力と知力である。だれもがこのことを承知しており、教育という名の事業に多額の資金を注ぎ込む用意がある。したがって、生き残りが問題であるならば、あらゆる自然資源のなかで最も貴重なもの、つまり人間の頭脳の維持とさらには発達について議論がおこなわれると期待してよいであろう。ところが、その期待は裏切られている。「生き残りのための力」はあらゆる自然資源——金属、エネルギー、水、野生動物等々——を論じているが、創意、知性や知力のような、非物質的な資源はまったく扱っていないのである。

　同じように、人類の苦境に関するローマ・クラブのプロジェクトのために起草された『成長の限界』[1]についての国際的な報告書に言及したい。この報告書は、コンピュータによる世界モデルを使って、既定の路線にのった成長を継続しようとすれば崩壊が避けられないことを立証しようと試みたので、世界中に反響を巻き起こした。そこで、著者たちは「望ましい持続可能な世界大の均衡」を指向するような政策を提唱している。「世界大の均衡になんとか移るにはもっと多くの情報が必要で……現在のいちばんの欠陥は、世界モデルの公害部門で起きている……ある汚染が発生地点から人間の身体への進入地点に到達するのにどのくらいの時間がかかるのかについての知見である」と彼らはいう。

　ここでもまた、人間の心や魂に入り込む汚染原因への言及はない。ただし、報告書には次の言葉がある。「われわれが必要とする、最後の、最も捉《とら》えにくい重大な情報は、人間の価値にかかわるものである。社会が全員に最大限のものをあたえられないと知れば、すぐに選択に手をつけなくてはならない。人口を増やすべきか富を増やすべきか、緑野を広げるべきか自動車を増やすべきか、貧しい人々への食糧を増やすべきか金持ちへのサービスを拡大すべきか」。われわれはこういいたい。なんという選択対象であろうかと。「人間の価値」といいながら、人間の心や頭脳の毀損《きそん》にかかわる選択肢についてはまったく言及がないとは。これが、またしても人間の仕事と労働者へのその影響という大問題への無関心の実例である。

仕事が人間の生において中心的な役割をもつことを考えれば、経済学、社会学、政治学や関連する学問の教科書に、研究の不可欠な土台は仕事の理論であると記してあるものと推測してもよいだろう。なにしろ、人間の精力の大半を占めるのは仕事であり、人間を理解するうえでは、通常言葉、カネの使い方、ないしは持ち物、投票などより今どういう仕事をしているかが重要である。仕事は確かに人格と個性の形成作用としてはいちばん強力である。しかし、事実はこれらの教科書に仕事の理論をもとめても無駄だということである。仕事が労働者に現実に与える影響などいまだかつて問われたこともない。本来なすべきことは、労働者をして仕事の要請（つまり機械の必要）に自らを適応させるのではなくて、仕事を労働者の必要に適応させることではないか、ということにまったく言及がないのはいうまでもない。

生産性や労働者の士気や労働者の経営参加等々に関する研究や報告書がないというわけではない。だが、そこに本質的に新しい考えは見られない。つまり、人間の創意を失わせたり、頭脳をむしばむシステムの妥当性や健全さについて疑いもさしはさんでいないのである。それがみな暗黙に前提としているのは、程度の差はあれ今社会でおこなわれている仕事の「種類」や「質」は、このままで変えられず、だれかがそれをしなくてはならないのだから、うんざりするような仕事であっても、残念ながら変更はできない、ということである。

その仕事をする人がいないなら、いやな仕事でもカネを欲しがる人が多くなるだけ賃金を上げる。しかし、問題のこうした経済的な解決――需要供給の法則にしたがう支払い――は、われわれの観点からすると解決になっていない。聖アウグスティヌスがいったように、堕落に喜びを見いだす人もいるし、また多くの人がカネで身を滅ぼすのをいとわない（あるいはそれを強いられている）。われわれが心配するのは、今の生産「システム」がその構成部分の多くにおいて、人間の創意を失わせ、頭脳をむしばむ性格のものであり、しかもこの被害を例外的に少数の人に及ぼすのではなく、何百万人に日常のこととして被害を与えているという事実である。男であれ女であれ、なぜ金銭的報酬ゆえにそれを許し、受け入れているのかは、まったく別個の問題である。

この関連で教会の教えを思い出してみよう。法王レオ十三世の言葉がある。「神さえも『大いなる尊敬をもって』遇する人間のこの尊厳を冒すことは、だれにも許されないし、だれも、人間が永遠の生命、天国の生命に通ずるこの完徳に向って歩むのを、さまたげてはならない。まして、人間はこの点に関し、人間性の尊厳をみずからすすんで抛棄《ほうき》したり、その霊魂の奴隷化を望んだりしてはならない。実際、これは人間が自由に処理することのできる権利ではなくて、つつしんで実行すべき神に対する義務なのである(2)」

そこで問いを出そう。仕事とは人間存在の目的とどうかかわっているのだろうか。人類のすべての真実の教えでは、この世に生まれてきただれもが、生存のために働くだけでなく、完成へむかって努力すべきものであると、広く認められてきた。「それだから、あなたがたの天の父が完全であられるように、あなたがたも完全な者になりなさい」[3]。生きるためには人にはさまざまな財とサービスが必要で、それらは労働なしでは手にはいらない。完全な者となるためには、人は命令に従って目的にむかって行動しなくてはならない。「あなたがたは、それぞれ賜物をいただいているのだから、神のさまざまな恵みの良き管理人として、それをお互いのために役立てるべきである」(ペトロの第一の手紙、四・一〇)

以上から、次のように人間の仕事の三つの目的を引き出してよいであろう。

第一　必要な財とサービスないしは有益な財とサービスを社会に供給すること

第二　良き管理人のするように、各人がその才能・能力をつかい、またつかうことによってそれを完成させること

第三　以上のことを、生来の自己中心主義から脱却できるように、他人に対するサービスとして、また他人と協力しておこなうこと

この三重の機能は、仕事なしでは人間らしい生を考えることがまったくできないほどに、仕事を人の生にとって大切なものにする。その仕事をキリスト教会は「原罪の後人の身心の善であると神意により布告された」[4]ものといっている。

なすべき仕事の種類と質とは、暗黙裡に所与のものとされている。好き嫌いに関係なく、だれかがそれをしなくてはならない。だが今やこの暗黙の前提を疑って、この受動性と戦わなくてはならない。頭を使わない仕事は、健全さと品格をもとめる社会においては、汚れた空気や臭い水と同様、許しがたい、いやそれ以上に許せない。多くの科学者、工学者、化学者、技術者が自分の仕事の人間的価値に疑いをつのらせている今、なぜ彼らに新しい課題を与えることができないのだろう。豊かな社会には真に新しいことに割ける余裕はないのか。「より大きく、より早く、より豊かに」というのが人間の仕事を歪《ゆが》め、その結果、ある法王が述べたとおり、「工場から死せる物が改良されて世に出てくるが、一方そこにいる人間は腐敗し、堕落しており〔5〕」、しかも環境悪化と地球の再生不能資源の急速な枯渇を招いているのを知るとき、それが依然としてわれわれが考えうるただ一つの発展路線なのであろうか。人間の顔をした技術と呼ばれるものを創り出すために、研究・開発費のほんの一部でも投じることはできないのであろうか。

この「人間の顔」とは、まず、人間存在のスケールをある仕方で映している。つまり、組織とか機械のすくなくとも一部を人間のスケールに合わせて小さくできるかどうか、模索すべきである。多くの人が独立して自分だけに頼る、自己の主人公になる機会を待ち望んでいる。そして、小さいスケールで効率を上げないかぎりそれは無理である。自分の足で立ちたいと願い、またそれができる人たちに機会をあたえる、小規模の設備とかミニプラントはないものだろうか。

それは無理だという声が聞こえる。小さいスケールは不経済だというのである。どうしてそれがわかるのだろう。「大きければ大きいほどよい」という思想は、十九世紀の真理であったかもしれないが、今や知識と技術力の発達で二十世紀の神話になってしまった――全面的にではないにしても、広い応用面において。

私の念頭にあるのは、一例として中間技術開発グループが開発した、費用約五千ポンドの生産ユニットである。従来の最小ユニットは費用が二十五万ポンド、つまり五十倍で、能力はだいたい五十倍であった。この大規模ユニットのメーカーは、これ以下のユニットは不経済で問題にならないと信じていた。ところが、彼らは正しくなかった。考えてもみてほしい。効率的な操作・運用に巨大で複雑な組織を必要とするユニットではなくて、今われわれが持てるのは、五十個のユニットで、一つ一つが「等身大」で、やる気のある少数の人々にそこそこの生活程度を十分保証する一方で、だれか特定の一人を大金持ちにするほどの大きさはない。大きいユニットの代わりにたくさんの小さいユニットがあって、その一つ一つが地場の原料を使い、最寄りの地方市場を相手に生産をするとしたら、輸送がどんなに簡単になるか考えてみてほしい。そうしたスケールの変化が社会と個人にどんな結果をもたらすかを考えていただきたい。

確かに、この種の仕事は、もっぱら貧困ゆえに市場が小さく、失業が多く、資本も不足で、輸送は通常困難で高くつく発展途上国を助けようとしてまずおこなわれたものである。ところが、すぐにわかったのは、この仕事の結果が開発が進みすぎた国々の共同体の多くにとっても興味をひくものだということであった。というのは、組織、必要資本や機械が巨《おお》きくなりすぎて、カネをたっぷりためこんだ人や権力者しかそれを手にいれられず、他の人々はみな「技術ギャップの埋め草」とでもいうべきものにしかなれないので、どこをみても無数の人々が人間らしいといえる生産過程から排除されているからである。

人間の顔をもった技術とは、現在の巨大主義に対抗して小さいことを選ぶだけではなく、複雑さに対抗して単純さを採る。いうまでもなく、物事をどんどん複雑化するよりもう一度単純なものに戻すのは、はるかにむずかしい。私は簡素な生活――が多くの利点があるが――そのものを語っているのではなく、生産、分配と交換の過程、同時に生産物のデザインのことを話しているのである。複雑さというものは、それ自体が過大な規模と人間的要素の排除の行き過ぎの結果であることが多く、多くの場合、仕事の人間らしい内容を封殺し、人々を専門家にしてしまって英知を失わせるような、特化と分業をもとめる。したがって、それは悪とみなすべきであり、この悪をはびこらせず、最小限にとどめるのが人間の知性――工業部門での調査・開発――の任務である。

これらはみな関連しあっていると私は思う。これはすべて人間のスケール、人間労働の人間化に関連しており、また仕事にあたる男女が――よしんばパンのために働いているときでも――生きがいを感じ、創意に溢《あふ》れ、幸福で、一言でいえば真の人間でありうるように、人間存在を生産過程に改めて合体させるのに適したものである。ゆるがせにできない一事があるとすれば、それは歪んだ仕事から正気の社会は生まれないということである。溢れんばかりの知識、輝かしい科学、驚異的な技術・技能を擁する現在、創意に満ちた生産的な仕事の喜びを今それをもてない何百万人の人々に与えることができないなどと考えるべき理由はない。ポール・グッドマンがいったように、もし何百万人もの若者が「愚かな大人になったり」、何百万人の男女が生涯創意を殺し、頭脳をむしばむ仕事を強いられるようならば、そしてまた、世の中の役に立つ、生産的で創意あふれる仕事のすべて――か多く――が巨大企業のコントロールする機械にもってゆかれ、まともに生きている人間はレジャー、つまり余暇活動にしか充足感を得られないというのでは、正気の社会が生まれるはずがない。

訳注

〔1〕 邦訳『成長の限界』大来佐武郎監訳、ダイヤモンド社。
〔2〕 法王レオ十三世の回勅「レールム・ノヴァルム」(岳野慶作訳解、中央出版社)。
〔3〕 新約聖書 マタイによる福音書 五・四八。
〔4〕・〔5〕 法王ピオ十一世の回勅「クアドラゼジモ・アンノ」(岳野慶作訳解、中央出版社)。

2　ボランタリーに公共資金を

世界銀行の統計をはじめとする諸統計は、年間所得が百ドル以下の人が世界には現在何億人もいると教えている。こうした情報を聞くと「彼らはどのように工夫して生きていられるのか」というきわめて重大な疑問が起こる。

私には、週当たり二ドルかそこらで生きられる人間がヨーロッパにいるとは考えられない。ところが、統計が正しいなら、何億人もの人が現に生きているのである。彼らにはわれわれのまったく知らない知識か能力があるに違いない。その「生活様式」や「暮らし方」は、豊かな人々の観点からはいかに不満足にみえようとも、神秘的で想像を越えた生き残る力を持っていて、その知識や能力がそこに具現しているのである。この力がなかったら、彼らは死んでいたであろう。だが、よくいわれることであるが、貧しい人々は貧困では死なない。恵まれた人々には通常欠けている生き残る力が彼らにはあるからである。「開発」でこの生き残る力が減ったり、壊れたりしたら、それは致命傷である。一人当たりの年間所得はたとえば百ドルから百五十ドルへ、ないしは二百ドルにまで上がるかもしれないが、貧窮は深まって絶望にいきつく。「暮らし方」が適切かどうかが、統計の示す所得の高さとは比較にならぬほど重要である。この点はなかなか摑《つか》みにくいが、開発を追求している人がこれを見逃せば、無益有害となる。

粗雑な物質主義の哲学に踊らされて、政策立案者は人間について考える前にモノについて考える。彼らは一群の人々を眺めていう。「この人たちの持っていないのは消費財だ。だから、それを十分に生産する仕組みをつくろう」。このやり方の間違いはどこにあるのだろうか。明らかに消費財の生産は人々に利便をあたえるのが狙いである。だが、便利になるのだろうか。

「この人たちの持っていないのは消費財だ」というのではなく、「ないのは消費財をつくる能力だ。だから、その能力を身につけられるように手助けしよう」ともいえるだろう。

このやり方は、今のやり方を捨て、まったく別のものを導入するのではなく、現在あるものを土台にしようとする。そのモットーは「彼らがしていることを研究して、それをもっとよくできるよう手助けできないか試してみよう」である。

貧しい人たちが自立するのを助けるのは、まず彼らから学ぶ――彼らの生き残りの秘術を学ぶ――ことなしには不可能である。貧しい農民は遅れていて、教育のある都市住民に劣るという考えにこり固まった人々には、学ぶ者としての態度をとることはむずかしいもので、心からの謙虚さと敬意がある程度必要である。

謙虚さと敬意――これは高い次元の資質であって、一般的にいえば、大規模な官僚的組織では、特にそれが国家権力の後押しがある場合には、薄れがちである。とかく権力のある官僚は、奉仕者としての役割や礼節の義務よりも自分たちの権力を意識するものである。つまり、学習者としては劣等生である。

ここにボランタリー組織が大きな価値を発揮する場がある。この組織には権力はなにもなく、そのスタッフに勤務期間を保証できない。だから、仲間にいばるのではなく、手助けをしたいという純粋な希望をもつ人々がそこに集まってくるのである。

政府機関というものは、一般的には資金を集めるのにはごく有効で、それを使う段になるとやや効率が悪くなる。反対に、ボランタリー組織には純粋に役に立ちたいという人が大勢おり、このことは資金の使い方で非常に効率がよいことを意味する。だが、資金集めではなかなかうまくいかない。

これはある種の積極的な「共生」にとって理想的な状況であるように見える。政府が資金を集め、ボランタリー組織がそれを使うのである。

それにしても、資金はだれの懐《ふところ》から出るのであろうか。それは一般民衆がかせいだおカネである。その一部は「開発」に必要である。そのおカネは集められて「使われ」なくてはならない。「それをいちばんうまく使うのはだれか」というのが唯一の疑問である。私は答えは決まっていると思っている。

だから、援助の出し手であれ受け手であれ、抜け目ない政府ならば、この「共生」の可能性をどうしたら実現できるかを一所懸命に研究するだろう。公共資金を民間ボランタリー団体が支出する場合には、説明責任があるべきことはいうまでもない。

現在、説明責任の技法は完成の域に達しており、高度に洗練され実践されている――だれが実践しているかといえば、それは大規模企業、多国籍企業である。

多国籍企業は現実には仕振りがよくないことが多いとの反論があるかもしれない。そういう場合、悪いのはその政策であって、管理システムではない。彼らから学ぶべきことは、下部の組織、つまりは「現場の人間」の行動の自由をいちじるしく傷つけないで、いかに説明責任を果たすか、である。これが大企業が獲得した技法――ないし技術――であり、それは学習可能なものである。適切な説明責任があれば、公共資金をボランタリー団体に供与する道が開け、これで真の開発という仕事の効率が以前より高まり、もっと「注文に合った」ものとなるだろう。

インドの新政権には、「ガンジー主義」の色合いがあると聞いている。ガンジー主義の核心は、開発は主として「下から」、村から来るのであって、「上から」、中央政府や州政府からではないとする考えである。私はこれが正しいと思う。だが、それは現実にはどういう意味なのだろうか。政府はただ坐《ざ》して村からの動きを待っていればよいのだろうか。おそらく、開発がもっとも必要な村はさびれていて、真の創意はそこからは期待できないであろう。創意そのものをつくり出さなくてはならない。これができるのは、権力のない民間ボランタリー団体だけである。

こうした団体がおカネ集めのためにその最良の知恵と努力を費やしてしまい、しかも十分に集められないのでは、その効用は十分に発揮できない。したがって、答えは私には明白、すなわち、公共資金で裏打ちされた民間の努力、となる。

3　貧困の意識的文化

ガキの時から顫《ふる》えながら聞いたからね
裕福に暮らす奴だけが楽しく生きられるって。

ベルトルト・ブレヒト〔1〕

裕福に暮らす奴だけが楽しく生きられる――これが過去半世紀かそこら人類の耳に叩《たた》き込まれた厄介なメッセージである。これが「開発」なるものの暗黙の前提、つまり、所得の増加が進歩の目安として役立つという前提なのである。その提唱するところによると、万人に裕福になる権利だけでなく義務があり、この点は個人よりも社会により強く当てはまるとされる。世界に占める一国の位置を示すもっとも簡潔で適切な指標は、一、人、当、た、り、の、平、均、所、得、であり、いっぽう主に賞賛されるのは、すでに達成された水準ではなくて、今の成長率である。

ここから論理的に出てくる――かそう見える――のは、進歩の最大の障害が人口増加だということである。人口増加は国民総生産（GNP）の成長がもたらすはずのものを抑えたり、減らしたり、打ち消してしまう。たとえば、GNPをある期間に二倍増やしても、同じ期間に人口も倍に増えたら、意味があるだろうか。それは同一状態を保つために駆け足をすることを意味している。一人当たりの平均所得は変わらず、豊かさをゆきわたらせるという大切な目標には一歩も近づかない。

人々が受け入れているこの理論に照らすと、人口学者たちのほぼ一致した予測――予見できない大災害がないとすれば、世界の人口は今後三十年で二倍になるという[2]――は、とても見逃せない脅威である。底なしの停滞の見通しそのものではないか。

数学好きの一部の人々は、三十年から六十年の間に人類はものすごく豊かになれると「証明」するために過去三十年間の経済の「成長曲線」がさらに今後三十年から五十年つづくものと予測してまだ満足している。この人たちの説によると、危険は進歩の歴史のなかの輝かしい現時点において、「神経衰弱」に負けてしまうことだけである。彼らは有限の世界に無限の資源があるという前提に立っている。同じように、汚染に対して生物が無限に対応する能力を持っていること、そしてまた科学と社会工学が全能であることを前提としているのである。

そのようないい気な予測と思いこみの夢想郷に住むのを一刻も早くやめるのがよい。このことは貧しい国の国民と同様、豊かな国の国民にも当てはまる。人口増加がすべて今すぐに止まっても、これは当てはまる。

「裕福に暮らす奴だけが楽しく生きられる」という現代の前提は、人類の普遍的な伝統にもとる、粗雑な物質主義哲学から生まれている。われわれの物質的な「欲望」は際限がないかもしれないが、人間の「必要物」は限られていて、ごく僅《わず》かなものである。人はパンだけで生きるわけではなく、「欲望」はいくら増長しても「楽しい暮らし」を与えてくれない。

私のいっている意味を明らかにするために、普通の意味でのどんな文化ともまったく相いれない、貧困の水準というものがあると主張したい。それは「貧困」とは別物で、別の名称を使うのがよい。適当なのは「貧窮」である。人々が肉体と魂を保つのに十分なものをもってはいるが、蓄えはできないとき、貧困が支配しているといえるが、いっぽう貧窮の状態の下では、肉体と魂とがバラバラになり、魂が失われることさえある。約十三年前、この複雑な問題にどう答えたらよいか真剣に考えはじめ、私は『経済成長の源泉[1]』に以下のように記した。

> 人々はだれでも——例外はあるが、それは法則の存在を証明するにすぎない——つねに自立の途《みち》を知っていたし、固有の自然環境に合った生活形態を見いだしてきた。こうした独自の形態を捨てて堕落すると、社会や文化は崩れてしまうが、それでも戦争で壊滅された場合は別として、人々はずっと暮らしを立てたうえ、より高次のもののために蓄えをおこなったのである。現在世界の多くの場所でこれがおこなわれていないのはなぜだろうか。私がいっているのは、普通の貧困ではなく、現実の、甚だしい貧窮である。人類の普

遍的な伝統からすれば特殊な意味で恵まれている貧民ではなく、その同じ伝統からみて存在してはならないもの、みんなで助けねばならない、憐《あわれ》むべき、身心を堕落させた人々である。過去には貧困は常にあったにしても、貧窮はなかった。貧しい農夫や職人は大昔から存在したが、何千人もの憐むべき貧窮農民や何十万人もの都市のホームレス――戦争中とか戦争直後ではなく、平時にしかも見たところ恒久的現象としての――、これは人類史上常軌を逸した、化け物的な、恥ずべき現象である。これが人口圧力の結果だと片付けられるのには承服できない。

人間は口だけでなく二本の手を持って生まれてきたのだから、人口の圧力を理由とすることができるのは、その圧力で土地が絶対的に不足していることを証明できる場合にかぎる。そして、そのような状況は将来は起こるかもしれないが、今日まだ到来していないことは間違いない（いくつかの島は例外だが）。人口が増えれば、増加した人々は自給に必要な資本を持っていないので、人口増加自体がかならず貧困を悪化させる、と主張することはできない。何百万人もの人々が資本もなしでスタートし、両の手を使って所得を生み出しているだけでなく、まっとうな暮らしのための耐久財、つまり資本をもつくりだすことができた。したがって、疑問は依然残り、答えを求めている。どこに間違いがあるのか。なぜこうした人々は自立できないのだろうか。

その答えは彼らが土着の「貧困の文化」を捨て去ったことにある。そのため本物の文化を失っただけでなく、ほとんど例外なく貧困から貧窮に落ち込んだのである。

貧困の文化には工業時代の到来する前に数知れない種類のあったことが知られているが、その特徴は、一つの基本的な区別——意識的なものか直観的なものかは問題でない——、「束の間《つかま》のもの」と「永遠のもの」の区別にある。もちろん、すべての宗教はこの区別を取り上げ、束の間のものは比較すれば真実に遠く、永遠のものだけが真実だと説いている。物質面でわれわれが扱うのは財とサービスであるが、同じ区別が当てはまる。財とサービスのすべては、いわば束の間のものから永遠のものまで含む目盛りの上に並べることができる。いうまでもないことであるが、これをなにか絶対的なものととってもらっては困る（物質面では絶対というものはないのだから）。もっとも、製造業者の意図では絶対的な区別は十分ありうる。業者はある製品を使い切れるもの、つまり消費行為で消えるものか、あるいは恒久的な資産として、理想的には永久に使われたり享受されるものと考えることもあろう。

両極端は簡単に判別できる。一切れのパンのような消費財は「使い切られる」のを想定しているが、モナリザのような芸術作品は永遠に存在することが「想定され」ている。休日の旅客をはこぶ汽車・バスのサービスは使い切られるのを想定しているが、河にかかる橋は長く役立つ設備として造られる。娯楽は一時のもの、教育（全的な意味での）は永遠のものとして予定されている。

束の間のものと永遠のものというそれぞれ両極端の中間に、財とサービスが広い範囲で分布していて、生産者には一定の選択の余地がある。生産者は相対的に束の間のものとかあるいは相対的に永遠のものを供給するという想定で生産できる。一例をあげれば、出版社は何世代にもわたって買われ、読まれ、大切に保存されるとの想定で本をつくることもあれば、買われて読後捨てられるのを覚悟でつくる場合もある。

束の間の財とは――ビジネスの用語では――「減価する資産」であり、「償却」を要する。一方、永遠の財は決して減価せず、「維持」される（タージマハルは減価償却の対象ではない。その壮麗さを常に維持しようと努めなくてはならない）。

束の間の財は経済計算の対象になる。その唯一の価値は、使い切られるところにあり、したがってその生産コストが使い切りから得られる便益以下であるようにしなければならない。ところが、永遠の財は使い切りを想定していない。だから経済計算を立てる余地がない。理由は便益――年間の価値と年数の積――は無限であり、したがって計算できないことにある。

束の間のものと永遠のものとの区別に妥当性があると知れば、原則として二つのタイプの「生活水準」を分けることができる。二つの社会があって、生産の量と一人当たりの所得が同じでも、生活の質ないしは生活様式は基本的な、比較できないほどの違いを示すことはありうる。一方の社会は主たる力点を束の間の満足に置き、他方は主に永遠の価値の創造に努めている。前者には束の間の財が豊富にあるが、永遠の財は乏しく――不潔、醜悪でみすぼらしく不健康な環境のなかで、飲み、食い、娯楽にふける。他方、後者では束の間の財では質素だが、永遠の財は豊富で、高尚な雰囲気のなかで少量、簡素で健全な消費がおこなわれる。在来の経済計算によれば、二つとも同様に豊か、同様に進んだ社会である。ということは、まさに単に量的な接近法では肝腎の点を見落としてしまうということを示している。

この二つのモデルを検討すれば、たしかに多くのことがわかる。ただし、「どちらがよいか」という問いは、質が計算できない以上、明らかに経済計算の手にあまる。

現代工業社会の生活様式が、主に束の間の満足を強調し、永遠の財を大幅に無視しているのが特徴であることを否定する人はいないだろう。しかも、ある内的な衝迫に促されて、現代工業社会は「とめどもない束の間型化」――つまり、性質上永遠の部類に属する財とサービスをまるでその目的が束の間のものであるかのように製造すること――とでもいうべき過程に精だしている。経済計算がところかまわずおこなわれ、本来永遠であるべき財をけちるほどである。同時に、束の間の財が、まるで永遠の用に供し、いつまでも続くものであるかのように洗練され、きれいに加工され、贅沢《ぜいたく》に製造されてもいる。

私の推測では、産業革命以前の社会の多くが、まさに逆方向に重点をおくことですばらしい文化を創造できたことを否定しようとする人はいまい。現代世界の文化遺産の多くはこうした社会に由来している。

今日の豊かな社会は世界の資源を途方もなく大量に消費し、生態系に大きな危険を引き起こし、多くの住民を神経症に罹《かか》らせているので、通常低開発とか発展途上とみなされている、人類の三分の二ないし四分の三の住民にとって模倣すべきモデルとはとてもなりえない。この現代の豊かさの蹉跌——であるのは明らかだが、物質万能主義の人々はけっして進んで認めようとはしない——は、原因を豊かさそのものに帰することはできず、誤った優先順位（その原因はここでは論じられないが）、束の間のものの極端な重視と永遠なものの徹底した過少評価が直接の原因である。束の間のものの側面でいかに努めても、永遠のものの側の欠乏を補えないのは当然である。

　こうした考察に照らしていえば、貧困の文化の意味と実現可能性について容易に納得できよう。それは人間が本当に必要とするものは限られていて、満たされるべきだが、人間の欲望はややもすれば限度を越え、満足させられず、強い意志をもって抑制しなくてはならないという洞察を基礎にしている。欲望を必要物にまで減らして、はじめて真の進歩のために資源が解放されるのである。必要な資源は外国援助では得られない。極度に資本集約的で労働節約的な技術、そしてきわめて高価な、精緻なインフラに頼る技術によって資源が動員できるわけでもない。豊かな社会から貧しい社会への無批判な技術移転は、まず束の間の満足を重視し、少数の金持ちの趣味には合っても、貧しい多数者をいっそう貧窮に追いやるような生活様式を移転することしかできない。

真の進歩のための資源は、束の間の財の少なさを重んじる生活様式のなかにだけ見いだされる。そういう生活様式だけが永遠の財をつくり出し、維持し、さらに増やすことができるのである。

束の間の財の少ない生活は、簡素さを堅くまもり、無用な飾りは意識的に避け、その種の贅沢品をおおらかに拒む態度であり、ピューリタニズムと呼んでもよい。これはその償いと報奨として、永遠の財の面での高い生活水準を享受させる。贅沢と洗練にも相応《ふさわ》しい場所とはたらきがあるが、それは束の間の財においてではなく、永遠の財についてのことである。これが貧困の文化の要諦である。

もう一つ付け加えたい。どんな社会でも、究極の資源は労働力であって、この力は底知れぬ創造性に富んでいる。束の間の財を重んじると、どうしても大量生産が優先されるが、大量生産は人間よりも機械に適していることは疑いない。その結果、生産の過程から人間的要因が次々に排除されてゆくことになる。貧しい社会にとってこれが意味するのは、その究極の資源を活用できず、創造性がほとんど眠ったままになってしまうということである。ガンジーが「奇跡をなしとげるのは、大量生産ではなく大衆による生産だけだ」とあやまりない本能をもって主張した理由がここにある。永遠の財を重視する社会は、長続きすることを前提としたそうした財が、その地域の正確な条件に適合しなければならないので、大量生産より大衆による生産を自然に好む。そういう財は標準化できないからである。これによって人間が生産過程に立ち戻り、そこで束の間の財（それなしでは人間は明らかに生きられない）すら、人間的要因により適当な「仕上げ」が施されることになれば、一段と効率的で経済的になる状況が生まれる。

以上は予備的な問題点を並べて指摘しただけである。文化の――同時に生命そのものの――生き残りへの脅威が増大しているので、貧困の文化の可能性の真剣な検討がますます盛んになるものとの期待を私は抱いている。それによって失うものはなにもなく、世界は得るところがあるのではあるまいか。

原注

（1）E.F.Schumacher '*Roots of Economic Growth*' Gandhian Institute of Studies, Varanashi, India, 1962, pp.37-38.

訳注

〔1〕これは「三文オペラ」の台詞で原注には著者の英訳がついているが、ここでは千田是也訳を借りた。

〔2〕参考までに記せば、一九七〇年の世界人口は三十七億人、一九九八年（推定）が五十八億人、二〇〇〇年についての国連の推計は六十億人であり、三十年間で一・六倍となる。

第四章　工　業

1　工業と道徳

あらゆる問題には技術的か科学的な解決があるに違いないと、だれもが信じたがる。つまり道徳的解決ではなくて技術的解決、心は無視して頭脳で処理する途《みち》である。社会の病気には社会学者を、経済の病気には経済学者を、身体の病気には医者をといった具合である。理想は一切の問題を数字と数式にまとめることで、これさえうまくできれば正しい解を見いだすのに心や感情はもとより、頭脳さえ使わなくてすむようにすることである。それは計算機、コンピュータに任せることができる。ある種の問題、とくに無生物の世界――物理学、化学、天文学、工学における――で起こる問題は、この方法で効果的に扱うことができる。あらゆる問題がこれで解けるのではないか。生物の世界や人間界で起こる問題も同様に扱えるのではないか。これが現代の思想であり、そこに一面の真実はあるが、足りないものがある。

そこで私が思うのは、近代社会におけるキリスト教徒の義務は個人の行為、つまり忍耐とか寛容の基本的な徳目の実践だけでなく、そのうえにかなり厳しい種類の知的努力（ここで私が使っている「知的」という言葉は古い意味で、計算する理性の働きだけではなく、理性に先行しそれを超越する直観と洞察の強い力も含む）を含んでいるということである。必要なことは、すべてのことを弁別して、それぞれの適切な場所に置くことである。一切の弊害が起こるのは、ものがあるべき場所になく、焦点がぼけているためだからである。本来の場所に戻してやれば、弊害は消え失せる。キリスト教徒なら、「全」や「全一」や「聖」というものが、最小限、相互に関連しあっているという真理（私の知っているどの言葉でも最上のものとされている）を承知している。

以上のことが現実のうえにどんな意味をもっているかを見てみよう。キリスト教は物事を正しい場所に、正しい優先順位のなかにといってもよいが、置くよう教えている。まず正しい思考があり、正しい行為の前提条件となる。だれでも知っている、キリスト教の偉大だが容易に信じてもらえない定言は「まず神の国と神の義を求めなさい。そうすれば、これらのものは」――あなたも必要としているこれらのもの、経済的なモノ――「すべて与えられるであろう[1]」である。いま一つの偉大な定言は同様によく知られていながら、今日では信じられてはいない、次のものである。「人はパンだけで生きるものではなく、神の口から出る一つ一つの言で生きるものである[2]」

このような言葉にどんな解釈をつけようとも、そこで説かれている優先順位が近代の工業人が通常考え、おこなっているものの正反対であることは容易に見てとれる。われわれが今日集団として生きるうえの定言は、おそらく次のようにいえよう。「まずより高い経済成長率を達成しなさい。そうすれば、物質的利便と地上の楽園はおのずから与えられるであろう」

この二つの定言のどちらが正しいのだろうか。両方とも正しいということはありえない。多くの対立物が並立できることを私も知っているが、優先順位での対立が同時に正しいことはありえない。最終的な試金石は実践であり、「その実（成果）によって彼らを見わけるのである」という言葉どおりである。

さて、それではそういう試金石を使えるだろうか。それはなにから手をつけたらよいのだろうか。二つの大きな秤《はかり》の上に現代の生活様式の実をすべて、良いものを一方の側に、悪いものを反対の側に置いて、それがどちらに傾くかを見ればよいのだろうか。都市の汚なさを洗濯機の便利さと対置してどのように秤量《しょうりょう》できるのだろうか。コンピュータでもそれはできないだろう。

別なやり方はないだろうか。この問題は実は目新しいものではない。たとえば、だれでも「相当の労働には相当の労賃」となるよう気を遣っている。ところが、相当とはなにかが決められない。われわれの判断能力は、プラスをつかむには力不足だが、マイナスを認識することは十分できる。正義や公正の定義は無理でも、不正と不公正は認識できる。正義や公正を確立しようと試みても成功はおぼつかなく、成功へ進む唯一の道は不正や不公正と格闘することである。

同様に、われわれの文明のよい成果と悪い成果を較量することはできないが、それでも悪い成果を見つけだし、その原因をなくすよう戦うことはできる。

もちろん、以上すべてのことは善と悪を——少なくとも極限の善と悪——を十分に弁別できることを前提としている。そして、これこそまさにキリスト教徒の出番であるが、その貢献が今日すくなくて落胆させられる。

区別し弁別すること、場当たり的な言葉やもっともらしい愚劣なスローガンを無視すること、簡単にいえば、物事をありのままに見て、そのとおりに名をつけること、これが十全で総合的な人間観に照らして物事を見るということであり、これこそキリスト教徒の任務なのである。

人間とはなにか。たしかにだれでも問える、ごく身近で現実的な問いである。たとえば、われわれの経済的病弊は、ばらばらで歪み、偏り、したがって邪《よこし》まな人間観が原因なのだろうか。十全な人間観は人間の現実の姿だけでなく、人間がなにでありうるかその可能な姿やあるべき姿をも含んでいる。実証科学だけから出てくる見方ではない。ばらばらな人間像の一例が今日の経済学信仰による像である。そこでは、人間をまずもって、そして本質的に消費機械と見る。人間の価値をはかる尺度はいわゆる生活水準であり、その意味するところは一年間に人が消費できるモノの価額である。そして、集団としてみると、人間の消費は生産に依存しているのだから、人間は同時に生産機械として眺められる。その価値をはかる尺度はその生産、生産性である。社会全体の価値の尺度は国民総生産とその年間成長率である。J・K・ガルブレイスがアメリカの歴史上「次善の年」を論じている、有名な『豊かな社会』の一節で、この見方を次のよう描いている。

（中略）なにをもってある年が他の年よりも良い年であるかを決める基準に、少しでも異議を唱えようとする人はいなかった。また、説明が必要と感じた人もいなかった。次善というのが芸術と科学の進歩における次善だと思うほど常識はずれの人はだれもいないだろう。まただれしも、それが保健、教育ないしは少年犯罪でのことだとは考えまい。年の善し悪しは放射能を帯びた家具に取り囲まれて生き残るチャンスの大小によると示唆した人もいない（中略）次善とはたった一つのこと——財の生産が史上二番目だということ——を意味するだけだ。[3]

そして、もう一人のアメリカ人が別の角度から要約している。

より良いものをより多く供給するのを妨げたり、ないしは妨げているとみられる方策や規制は、宗教的な人々が瀆神《とくしん》に対して、あるいは戦争好きが平和主義に対して抱くような、いわれない恐怖をもって抵抗を受ける。

生産・消費の機械としての人間、ホモ・エコノミクスは、歪み、断片的で不健全な、一面的な人間観である。同時に、それは現実には深甚な結果をもたらすものでもある。この点についてイギリスではR・H・トーニーほど強く警鐘を鳴らした人は少ない。彼は「物質的な富の達成を人間の努力の至上の目的とし、人間の成功をはかる最後の基準であるとする哲学は……キリスト教的な思想や道徳の体系のどんなものとも縁もゆかりもないものだ[4]」と述べ、「効率というものを道具から主目的に祭りあげると、効率そのものが破壊される」と警告している。

この最後の言葉を検討してみよう。それは正しいかどうか。効率を主目的に祭りあげて追求する社会は効率そのものを破壊している証拠があるだろうか。アメリカやドイツでそうなっているだろうか。トーニーの言葉は本当に悲観的すぎるのだろうか。

この発言を事実に照らして検証するには、工業だけでなく、社会全体の動きを見る必要がある。生産性をあげる一つの方法は、人々を農業から引き抜いて工業に、都市に投入することである。「タイム」誌から最近の報告を見よう。

たった二世紀でアメリカの都市は絶望的な危機に突き落とされた。今やアメリカ人十人のうち七人が都市に住み、この国は世界で最大の都市型社会である。都市があまり早く膨脹しすぎたので、国にとってもっとも深刻で緊急な問題が生まれてしまった。全米の大都市はスラムで醜くよごれ、公共交通機関の不備でよたよたし、財源は枯渇し、人種間の対立で引きさかれ、空気の汚染で半ば窒息している……「偉大な社会」が都市崩壊という土台の上で成り立つことはありえない。

システム全体の効率はどこへいったのだろうか。ロサンジェルスが好例である。「ロサンジェルスには、人口七百万人に対して三百九十万台の自動車があり、その数は人口より早く増加している。公共交通機関は皆無に近く、市民の八パーセント足らずが公共運輸機関を利用しているだけだ」(「タイム」誌、一九六六年九月二日号)。アメリカの自動車産業は、それだけをとってみればもちろん効率は高い。しかし、この効率が七百万人に対して約四百万台の自動車が要るという法外な非効率をどうして打ち消すことができよう。カリフォルニアのある教授が私に語ったように、「これは生活水準の高さを示してはおらず、輸送コストの異常な高さを示しているのだ」

また、アメリカの著述家のルイス・ハーバー氏は次のようにいっている。

現代都市は極限に達している。巨大都市の生活は、心理面でも、経済面でも、生物学的にも崩壊しつつある。何百万人の人たちが、「足による意思表示」でこの事実を認めている。彼らは世帯道具をまとめて都市を去って（郊外に）いく……人間が自然界と和解することが、単に望ましいだけではなく、不可欠になったのだ。

ハーバー氏が述べているのは、効率を不用意に追い求めると人間的意味できわめて非効率な生活形態をつくってしまうということである。人々は本当の自由をうばわれ、そこでそれに対して足で意思表示をするのである。

彼らの意思表示は別の方法でもおこなわれる。アメリカに劣らずイギリスで犯罪が国民総生産よりも早い速度で増えている事実をだれが見逃せようか。犯罪は大企業の年産額になんなんとする、大きな経済現象になっているのである。一年かそこら前に、ジョンソン大統領は「犯罪に対する国家戦略」を提案して議会に次のようなメッセージを送った。

われわれは（犯罪コストが）ドル額で年間約二百七十億ドル（約百億ポンド）だと知っている。また、これ以上のコストを何百万人もの恐怖におびえる人々から奪っていることも知っている。この国を囚人の国にしてしまう恐怖であり……人が街の夜道や真昼間公園で散歩するのを思いとどめさせる恐怖である。これは真に自由な人間としては堪えられないコストである。

イギリスでは、十二年足らずの期間に、警察に通報された起訴可能な犯罪の数が四十万件から百二十万件と三倍に増えた。毎年毎年、増加率でもっとも高いのは十四歳から二十一歳の年齢層である。犯罪者はだれなのだろうか。一般的にいえば、それは貧困と失業で打ちひしがれた人々ではなく、一種の反抗者である。あるいは、生活の緊張に堪えられなくなった人たちである。緊張への別な形の反応、別の形の現実逃避もある。それはたとえば麻薬の使用あるいは神経障害である。イギリスの国立精神衛生協会の議長の予想では、

今六歳の少女九人のうち一人が、また六歳の少年十四人のうち一人が、生涯のある時期に精神病院にはいることになるだろう。

私は精神障害や逃避症候群のすべての形を列挙して読者をうんざりさせる気はない。どれもこれも急増している。一般の人が手にいれられるデータが教えているのは、トーニーが効率を主目的として追求すると、効率そのものを殺すほどの非効率を生むと述べ、また経済生活が経済以外の基準を満足させないかぎり、「次々と起こる反乱で麻痺《まひ》させられる」と警告

したとき、彼はそれほど間違ってはいなかったということである。

経済成長はそうした不吉な現象に効く薬ではない。それを主目的として追求し、社会のもっとも基本的な任務だとして偶像化すると、結果は期待はずれとなり、目的は達成されない。それを国の最高の目標とすると、不可避的に貪欲、いらいら、粗暴と嫉妬《しっと》を増長させ、どんな社会でも満足な運営に欠かせない基本的な徳目をこわしてしまう。

経済成長は、それ自体では、よいことでも悪いことでもない。なにが成長しており、なにが排除されたり破壊されているかが問題なのである。この区別と弁別をおこなうことが今ほど必要な時代はなかった。制約を知らない科学と技術はますます強まる力を特定の人々の手にゆだねている。特定の人々とはだれであろうか。善人か悪人か、それとも自己の栄達をもとめて他のことには見向きもしない、無関心の人か。こうした人々が「より早い経済成長」という、単純で粗雑な目標を与えられた場合、彼らに健全な成長と不健全な成長の違いが区別できるだろうか。彼らは一般人を思いやることができるだろうか。神から授かった「自然」を大事にするだろうか、それとも搾取すべき石切り場とみるだろうか。「もっとも小さい蚊《か》は人が作るどんなものよりも素晴らしく神秘に満ちている」と聖トマス・アクィナスが七百年前に述べたが、今日彼が生きていたらきっと繰り返すに違いないこの言葉の真理を彼らは知っているだろうか。

この問いに答えようとすると、どうしても不安になる事実に面と向きあうことになる。暴力と焦燥感は科学の部門に広く浸みわたり、ますます危険な性格の新機軸を数多く生んでいる。競合、競争や野心からくる圧力は強く、結果の検討にごくわずかの時間の余裕しか与えてくれない。立法機関が環境の大破壊を止めようと、例によって遅すぎる「待った」をかけるまで神に授かった環境は劣化にさらされる。

より早い成長、早いリターンとより大きな速度を、という要求に押されて、部分的な知識を無情に適用することは、人間の健康と幸福に直接の脅威を与えるので、特別な科学知識のない、ごく一般の人ですら将来を眺めるとき、しばしば漠然とした深い恐怖を感じる。もちろん、成長を偶像化する人々はこの恐怖を一笑に付し、軽蔑し、嫌悪するが、それは役に立たない。それどころか、恐怖をさらに深める。

青少年による犯罪や反抗、逃避行為や神経障害といった徴候がもっとも激しく増えているのはなぜなのだろうか。恐るべき人生の持ち時間がいちばん長いからだろうか。実に多くの若者が、大人の生活にはいるのを「生き残りゲームへの参加」と呼んでいることを軽く考えていいだろうか。これこそ人間としての大失敗のしるしだろう。

人間が天に届こうとしてバベルの塔の建設に取りかかったとき、神は彼らが混乱するのに任せた。経済学という名の宗教は全世界をほとんど支配したが、それでもその勝利の瞬間に人々——そしてとりわけ若者たち——の中にその規律に服するのを拒んで反抗するものが増えているのである。われわれは勤労と抑制の徳を説きながら、一方で勤労も抑制もない、無制限な消費のユートピア的絵図を描いている。もっと汗を流せと訴えると、「あなたの知ったことか」といった困った答えしか返ってこないとこぼすが、他方でオートメーションが肉体労働をなくすとか、コンピュータが頭脳労働の負担をとり除いてくれるとかいった夢をかきたてている。少数者が「多数者を養い、維持し、モノを供給できるときには、生産の場にいたがらない人間をそこに置いておく意味はない」と最近のリース講演（イギリスBBC主催年次講演）の講師はのべていた。そこにいたがらない人は数多い。理由はそこでなすべき仕事が面白くなく、挑戦への意欲を喚起せず満足もあたえず、週末に給料をもらえること以外になんのとりえもないからである。知的指導者たちが仕事を必要悪としてしか扱わず、多数者にとっては廃止すべきものだとするならば、労働を直ちに最小限に減らそうという動きがあっても、驚くには当たらない。

『宗教信仰と二十世紀人』という最近でた本が現代の混乱を漫画的に示している。この本は例の麗々しさで始まる。「二十世紀人には先祖がもっていた自己の不完全さや孤立無援の感覚はもはやない……人はかつて見られなかったほど自らをその運命の主人公だと思い、自分の努力で……よりよい世界をつくり出そうとしている」。次にどうしたら現代の混迷から秩序を生みだすかについての不安が募っているのを嘆く。著者はいう。「われわれは今や巨大な、個性なき集団の時代に生きている……人間はますますモノに落ちぶれ……どこを見ても巨大な組織、機械に取り囲まれ、その中で無力な機械の部品にすぎない」。先の陳述は一般人と接点のない知識人がもつ神話であり、後の陳述は二十世紀人の大多数が日常体験するところを正確に表現している。そしてトーニーが四十年前に指摘したように、「平々凡々たる人間であっても、魂はもっているのだから、人間の自尊心を傷つけ、自由を奪うような制度をつくるならば、物質的な富をどんなに増大しようとも、それで人間につぐないをしていることにはならない〔5〕」

科学者の役目は自然の法則を発見すること、発明家の役目は発明すること、工場経営者の役目は世の中に役立つ生産を企画、組織すること、そして政府の役目は統治することである。しかし、これらの活動のすべては、その行為に十分な責任を負い、生命あるものはすべて聖なるものだという感覚――自分たちが世界を創ったのではなく、人間を創ったのでもないことを知ること――を十分に具《そな》えた人々が実行するのでなければ、どんなに専門知識・経験を駆使したとしても、完璧なものではありえない。一人前の人間でなければ専門家にはなれず、人間には専門技術の追求からくる責任より広い責任がある。科学であれ、権力であれ、ないしは経済成長であれ、なにか本質的でないものに絶対的な権利を主張するのは論外であり、それをすれば必ず混乱が生じる。この混乱を脱するには、忍耐強く寛容の心をもって正しい優先順位、真実の価値尺度をつくり直すことしかない。

これをするのが、どんな職業につこうがキリスト教徒の責務だと私は信じている。彼らは科学や政府に反対していないように経済成長にも反対してはいない。だが、彼らはこれらの本質的でないものを偶像に祭りあげたがる時代精神には反対している。あれやこれやの主題を批判しているのではなく、専門分野で働いている専門家に影響している精神を批判しているのである。もしもその精神が忍耐心を欠き、暴力的であり、寛容の心がなく、あるいは狭量ならば、その成果は第一印象がよくても毒されたものであろう。

具体例をお望みだろうか。三つ挙げよう。非情きわまる暴力性は人間の農業活動を侵している。勇敢かつ巧みにこれを剔《えぐ》り出してみせたのが、レイチェル・カーソンの『沈黙の春』[6]とルース・ハリソンが出した『動物機械』[7]という二冊の書物である。この二つの出版が招いた論議はなかなか教訓に富んでいる。論議はまず技術的なものか感傷の水準を出なかった。「心配はいらない。便益があるところ、常にコストがかかる。とどのつまり、そんなごく技術的な事柄について専門外の人がなにを知っているのだろうか——肉を白くするために一生暗い箱のなかで欠陥飼料で飼われると、動物が苦しむと証明できるのか——殺虫剤と農薬は現代農業に欠かせないし、多少の偶発的事故か悪用は別にして、とりたてて有害ではない——自然のバランスが壊されたり、野生の動植物が傷つけられたり、昆虫か細菌に新たな抵抗力がついたとしても、科学が進歩して悪い結果を処理するだろう」というわけである。これはまさに軽薄なものが目の見えぬ人の手を引くようなものである。とはいえ、神の被造物との関係を狂わせる暴力性を見抜くには、なにも専門家である必要はない。現代の工場型農業には、犯罪に近い悪の匂いがつきまとっているといっても誇張ではあるまい。しかも、都市の緊張からの解放をもとめて田園に逃避しようとする人が増えているまさにそのときに、農業がこの状態にあるのである。彼らは、ルイス・ハーバーがいうように、「人生の、正常でバランスのとれた、しかもコントロールの利くリズムを取り返す必要をますます強く」感じている——つまり、機械の巨大さからくる暴力の代わりに自然な生物の過程のもつおだやかな忍耐のある環境である。

産業革命の初期段階に恐ろしいほど支配的だったいらいらと暴力の気風は、今日でも現代産業に蔓延《まんえん》している。これは避けられないもので、それについて不満をいっても無駄であろう。産業の内部にいるキリスト教徒ならみなそれを知っており、それで傷ついている。だが、それを和らげることはできる。どうしたら仕事を人間にふさわしいものにし、産業組織に人間らしい構造を取り戻すかという問題は、確かに難題ではある。現代技術のある傾向、たとえば権限の分散は役には立つが、悪い傾向もある。よい傾向を伸ばし、悪い傾向に抵抗することはできる。巨大主義を促進しがちのコンピュータも、事務の分散化をおこなって、人間の背丈に合った集団活動とするのに活用できる。私はこの可能性を探求するのがキリスト教徒の第一の関心事であるべきだと信じている。しかし、産業の唯一の関心事が効率だとされては、この線に沿った緊急かつ必要な仕事が果たせないのは明らかであろう。

もっと広い範囲では、工業生産に必要な自然資源に対する無思慮な暴力的精神に注意したい。燃料資源がいちばんよい例である。それは人間がつくったものではなく、自然の倉庫から取りだしてくるものである。取りだしたものは、消えてなくなる。そしてもし容赦なく取ると、つまりいちばんコストのかからないものだけを取るとすれば、取りこむ以上に資源を損なってしまう。資源保全主義者になるには忍耐心がわれわれにはない。ジョージ・ケナンがかつて述べたように、われわれは過去もなく未来もないかのように行動しているのである。

　この経済の時代におけるキリスト教徒の義務は、目を見ひらいて優先順位の逆転の結果生じる悪を悪と認識することである。キリスト教徒は、前に述べたとおり、科学、権力ないし富に反対するものではない。ただ、彼らはそれらが手段であって目的ではなく、しかも人間——こんなにもよく知っているようで少ししか知らない、奇妙で定義できないものだが——に役立つかぎりで価値があることを知っている。そして、人間について最高の権威の教えていることが一つある。それは、全世界を手に入れても、その途上で魂を失うならば、なんの得もない〔8〕ということである。

訳注

〔1〕新約聖書　マタイによる福音書　六・三三。
〔2〕同　右　四・四。
〔3〕前掲『豊かな社会』第九章。

〔4〕R・H・トーニー『宗教と資本主義の興隆』出口勇蔵・越智武臣訳、岩波文庫。
〔5〕同 右
〔6〕邦訳『沈黙の春』青樹簗一訳、新潮文庫。
〔7〕Ruth Harrison, "*Animal Machines*"
〔8〕新約聖書 マルコによる福音書 八・三六。

2　技術と政治変動

技術の変化が政治的結果をもたらすことを否定する人はまずいまい。ところが、現在の「制度」がもっとも広い意味で技術の落とし子であり、技術を変えないかぎり大きく変えられない点を理解している人はすくない。

現代技術をつくりあげたものはなにかと問うてみれば、さまざまな答えが返ってくるだろう。ルネッサンス、あるいははるかに唯名論の誕生にまでさかのぼり、欧米人の宗教、科学、自然や社会に対する態度にある変化が生まれ、それが知的な力を解き放ち、近代の技術発展をもたらしたと指摘することもできよう。マルクスとエンゲルスはもっと端的な説明をする。ブルジョアジー、つまり「現代の資本家階級、社会的生産手段の所有者、そして賃金労働者の雇い主」の勢力の拡大である。

ブルジョア階級は、支配をにぎるにいたったところでは、封建的な、家父長的な、牧歌的な一切の関係を破壊した。かれらは、人間を血のつながったその長上者に結びつけていた色とりどりの封建的なきずなを容赦なく切断し、人間と人間とのあいだに、むきだしの利害以外の、つめたい「現金勘定」以外のどんなきずなをもまったく残さなかった……かれらはすべての民族をして、もし滅亡したくないならば、ブルジョア階級の生産様式を採用せざるをえなくする。

ブルジョア階級は、農村を都市の支配に屈伏させた。かれらは巨大な都市を作り出し……人口を凝集させ、生産手段を集中させ、財産を少数者の手に集積させた。〔1〕

もしもブルジョア階級がこれらすべてのことを成しとげたのだとすると、その原動力はなんだったのか。近代技術の創造であることに疑問の余地はない。一度技術発展の過程が軌道にのると、それをつくった人々の意図と関係なく、ほとんど惰性でその過程はすすむ。それは自身に適合したシステムを要求する。なぜなら、適合を欠くシステムは非効率と失敗をまねくからである。近代技術をつくったのがだれであり、その目的がなんであったかは別にして、この技術、あるいはマルクス主義の用語を借りれば生産様式は、今や「それに合った」、つまり適合したシステムを求めるのである。

現代社会が危機に直面している以上、なにかが適合していないに違いない。

(a) すばらしい技術があるのに、社会の動き全体が冴《さ》えないとすると、適合していないのは「システム」ではないか

(b) あるいは、技術自体が、人間性をも含めて現在の現実に適合していないのではないか

このどちらだろうか。これはたいへん大事な点である。通常耳にする考えは、技術に問題はない（か、すぐに直せる）が、システムの側に欠陥がありすぎて対応できない、というものである。「ブルジョア的生産ならびに交通諸関係、ブルジョア的所有諸関係、かくも巨大な生産手段や交通手段を魔法で呼び出した近代ブルジョア社会は、自分が呼び出した地下の悪魔をもう使いこなせなくなった魔法使いに似ている……ブルジョア的諸関係は、それによって作られる富を容《い》れるには、窮屈になったのである。ブルジョア階級は恐慌をなにによって克服するか？　一方では、一定量の生産諸力をむりに破壊することによって、他方では、あたらしい市場の獲得と古い市場のさらに徹底的な搾取によって。つまりどういうことか？　つまり彼らは、もっと全面的な、もっと強大な恐慌の準備をするのであり、そしてまた恐慌を予防する手段をいっそう少なくするのである」（マルクス・エンゲルス『共産党宣言』[2]）。犯人は資本主義システム、利益のシステム、市場システム、あるいは反対に民族主義、官僚制、民主主義、計画またはボスの無能である。簡単にいえば、われわれは素敵な汽車を持っているが、レールが悪いか運転手がだめか、乗客の多くが馬鹿で規律を知らない、というわけである。そんなに素敵な汽車ではないという点を除けば、どれもたぶん当たっている。おそらくもっとも間違っているのは、最大の推進力であり続けたもの、つまり技術そのものである。もしこの技術が主に資本主義システムによってつくられてきたとするならば、大衆を犠牲にしての少数者のための技術、搾取の技術、階級指向で、非民主的、非人間的でエコロジーや環境保存に背を向ける技術という母斑《ぼはん》をつけているのは当然ではないのか。

私は自称社会主義者やマルクス主義者を含め、技術を自然法則のように無批判に受けいれている人々の柔順さにいつも呆《あき》れる思いである。この「柔順さ」の一例として、最近の記者会見で以下の発言をしたとされる、イランの首相を取りあげよう（「ザ・ポイント・インターナショナル」一九七六年一月十二日号）。

> イランを工業化する際、特に避けたいと思っている欧米の事物が沢山ある。われわれは欧米の技術だけを求めているのであって、そのイデオロギーを求めているのではない。避けたいのは、イデオロギーの移入である。

暗黙の前提は、イデオロギーの移入なしに技術の移転ができる、つまり技術はイデオロギー的には中立であり、ハードウェアを、その背後でそれを可能にし、動かしつづけているソフトウェア抜きで獲得できる、ということである。これは人工孵化《ふか》のために卵を輸入したいが、トリではなくネズミかカンガルーが生まれてほしい、というのに少々似ていないだろうか。

私は誇張は避けたい。この世には絶対にこれだというものはなく、同じピアノでさまざまなメロディーが弾けるのは確かである。しかしなにを弾こうがピアノ音楽であることには変わりはない。マルクスの大仰な問いかけ「人間の思想、見解や概念――一言でいえば人間の意識――は、その物質的生存の諸条件、社会関係や社会生活の変化とともに変化する（彼は一切合財決定されるとはいっていない）ということを理解するのに深い洞察が要るであろうか」の大筋に賛同する。

「生産様式」が人々の単なる「生活水準」ではなく、左に掲げる生活そのものに及ぼす影響を無視したり、軽視したりするのは、大きな誤りである。

○人々はいかに生産するのか、なにを生産するのか
○どこで働くのか、どこに住んでいるのか、だれと会うのか
○いかに休みをとり、「レクリエーション」をするのか、なにを食べ、どんな空気を胸に吸い、なにを目で見るのか
○ということは、結局なにを考えるか、彼らの自由または不自由

アダム・スミスは「生産様式」が労働者に及ぼす影響について幻想は抱かなかった。「ほとんどの人間の理解力は必然的にその日常の雇用によって形づくられる。二、三の単純作業

で一生を過ごす人は……その理解力を発揮する機会をもてない……それゆえ、理解力を発揮する習慣を当然に失い、人間として考えられる最低の、愚昧《ぐまい》と無知に落ち込むのが常である……が、進んだ、文明的な社会では、政府がこれを阻止する労をとらないかぎり、こんな状態が働く貧乏人、つまり、大多数の人が必ず陥るものなのである[3]」

マルクスはアダム・スミスを引いて注釈を加え「ある程度肉体と精神が不具化するのは社会全体における分業と結びついている。しかし、マニュファクチュアはこれをさらに押し進め……そしてこの独特の分業によって個人をその生活の根本のところで攻撃するものだから、産業病の原因をつくり、それをひき起こす第一の要因となる」と述べている。そして、彼は同時代人のD・アーカートの「労働の細分化は人間の圧殺である[4]」という言葉を引用している。

それでも人々は問題は技術ではなく「システムだ」と言いはる。たぶん特定の「システム」がこの技術を生んだのであろう。だが、現在直面しているのは、われわれのシステムとは技術の落とし子、不可避の産物だという事実なのである。私が別のシステムを持っているらしい社会と比較してみると、同じ技術が使われているところでは、行動が似ていて、しかも日々似てくるという証拠が山とある。事務所や工場での、頭を使わない仕事は、どんなシステムの下でも同じように心が留守になっている。

したがって私は、よりよい社会を目指し、よりよいシステムにしたいと願う人々は「上部構造」――法律、規則、協定、租税、福祉、教育、保健等々――の改革に努めるだけではいけないといいたい。よりよい社会を手に入れるための投資は、底のぬけた瓶におカネを入れるようなものになりかねない。基礎――つまり技術のことだが――が変わらなければ、上部構造に真の変化が起こることはありえない。

私に向かってこういう人たちがいる。「中間技術」で前進できるためには、まずシステムを変え、資本主義と利潤動機をやめ、多国籍企業を解散させ、官僚制を廃し、教育を改革しなくてはならないと。これに対する私の答えは次のとおりである。私の知る「システム」変革の最良の方法は、新しいタイプの技術――民衆の生産性を上げ、自立度を高めるような技術――を世界に導入することである。

十八世紀と十九世紀に、技術は長足の発展をとげた。しかし、それはますます科学の嫡子となった。今日技術は科学の第一の嫡子である。現に、科学が評価されるのは今やだいたい技術的な成果によるのである。

そこで、手はじめに科学について問うてみよう。科学の進路をきめるのはなにか。現実に研究「できる」ことより研究の「可能性のある」もののほうが通常多いのであるから、選択の必要がある。では、選択はどのようにしておこなわれているか。

科学者の利害によってか。もちろんそうである。

大企業や政府の利害によってか。まさにそのとおり。

「民衆」の利害によってか。総じて否である。

民衆の欲求というものは、概して単純なもので、それを満たすには現在以上の科学は要らない（まったく別種の科学が民衆の本当の利益になるかもしれないが、それはここでの問題ではない）。


科学から技術に話を移すと、ここでもまた可能性のあることができることよりはるかに多い。選択肢は無限である。だれがなにを決めるのか。科学的発見は数多くの異なる技術のために利用できるし、そのなかに繰り込むことができるが、新しい技術が開発されるのは、権力と富を握る人々が開発の後押しをするときに限る。換言すれば、新しい技術はそれを生んだシステムの似姿であり、しかもそのシステムを強化する。システムを支配するのが大企業——民間企業か政府企業かを問わず——であると、新技術はなんらかの形での「巨大化」の傾向をもち、巨額のコストをかけて「巨大な突破口」としてデザインされ、極度の専門化を要求し（いかに暴力的であろうが）大きな影響力を約束して「どんな結果にも対処する方法を心得ている」というのである。スローガンは「一日一つの技術革新、これで危機は避けられる」である。われわれは「白熱の技術革命」、原子核時代、オートメーションの時代、宇宙時代、夢のような工学の饗宴、超音速の勝利等々について耳にするが、民衆の基本的な必要物の多く、たとえば住宅の需要は配慮できない。

もっとも劇的な例はいうまでもなく、現代世界でもっとも進んでいる社会のアメリカである。一人当たり平均所得がイギリスや西ヨーロッパの二倍以上でありながら、ヨーロッパでみられるより多くの、人を堕落させる貧困がそこにある。世界人口の五・六パーセントの国が世界の原料の三五パーセント近くを使い——それでいて幸福な国ではないのである。一部には莫大《ばくだい》な富があるものの、最低の貧窮、堕落、希望の喪失、争い、犯罪、逃避、心身の病がいたるところに見られ、それを逃れるのはむずかしい。どうしてそんなことが起こりうるのか——人類史上かつてなかったほど豊かな資源、多くの科学・技術を手にした国であるのに。人々はあらゆるもの、巨大な構造——大きな企業、大きな政府、大きな学界すべてに疑問を投げかけている。そしてごくゆっくりと、躊躇《ちゅうちょ》しながらではあるが、ついにすべての根源、すなわち技術を疑いはじめている。

技術評価グループが各地に生まれており、その技術開発の「評価」は主に次の諸点を中心に行われている。

○資源の利用
○環境への影響
○社会・政治的意義

超音速のコンコルド機は、この審査でひっかかった。グループの結論によると、それは希少な資源のむだ使いであり、環境に負荷だけでなく危険すらあたえ、社会・政治的な意義がない。にもかかわらず、コンコルドはイギリスとフランスの工学の瞠目《どうもく》すべき達成と呼ばれるだろう。

現代技術が構造におよぼす効果のいくつかをさらに調べてみよう。仕事の性質におよぼす効果に関してはすでに述べた。私の確信するところでは、それは現代社会における最大の破壊力である。人間の理性を破壊することにまさる破壊があるだろうか。アダム・スミスの時代以来、事態は改善されていないどころか、大部分の人々から創造力を発揮できる仕事を容赦なく奪う勢いは加速している。

現代技術は人間の居住様式にどんな影響をあたえてきたのだろうか。これは実に興味深い主題であるが、従来ほとんど無視されてきた。都市化の世界的権威のキングスレイ・デイヴィス教授は「世界は全体としてはまだ完全には都市化されていないが、やがてそうなるだろう」といっている。教授は国連や世界銀行と同じように（一定の規模以上の）都市区域に住む、各国の人口の比率を示す都市化指数を作成する。これらの指数が興味深い点をまったく無視しているところが興味深い。都市化の程度ではなく、その様式こそが事態の核心なのである。人間らしく生きるためには、生活には都市が必要である。だが、人間生活はまた地方からの食糧や原料をも必要としている。だれもが地方と都市の両方に簡単にアクセスできなくてはならない。そこから出てくる結論は、農村には近くに都市があり、人々がそこへ日帰りで行き来できるような、都市化の様式を目標にすべきだ、ということである。これ以外の様式は人間性にそぐわない。

しかし、過去百年の現実の歩みはこれとは正反対であった。農村はしだいに都市らしい都市へのアクセスを奪われた。居住様式が恐ろしく二極分解した。フランスの計画担当者は、国が「砂漠にとり囲まれたパリ」となるのに抵抗しており、アメリカでは中小の地方都市から生活が消えていく一方で発生した、居住地の巨大な広がりをいい表すのに「メガロポリス」という名をつけた。ボストンからワシントンに伸びる「ボスワシ」があり、シカゴからピッツバーグへのつながりである「シックピッツ」、「サンフランシスコからサンディエゴにかけては「サンサン」がある。びっちりと密集して人が住む小さな島のイギリスでも、居住様式には極端な偏りがあり、土地の半分以上がきわめて人口稀薄、残り半分の大部分はものすごく稠密《ちゅうみつ》である。

読者は百年以上も前に作られた、社会主義者の次の要求を憶《おぼ》えておられるだろうか。

農業と製造工業の合体と、人口を国中により平均して配分することによる、都市と地方のあいだの区別を漸進的に廃止すること（『共産党宣言』　一八四八年）

さて、百年以上の年月に起こったことはなにか。いうまでもなく、正反対のことである。では、世紀末までの残る二十五年間になにが起こるだろうか。またもや、正反対のことが、輪をかけて起こるだろう。都市化ではなく、それがいい表す現象と同様に背筋の寒くなる言葉を使えば、周知のように「巨大都市化」、政治・社会・道徳・心理・経済面での、まったくお手あげの問題を生みだす動きなのである。

世界銀行の出した論文が語っている。「主として都市の膨脹の早さと人とカネという資源の不足から生まれる、発展途上国の都市の状況を改善する仕事は、落胆また落胆であり……都市行政は問題解決の能力をはなはだしく欠くのに……あと二十年もしないうちに都市の中心部の今の人口と土地は国全体の三分の一弱を占めるにいたるだろう」。この論文は「中小規模の都市の開発を速めたり、新たな都市開発センターを興したりする」のが可能かどうかを問うている。だが、すぐにその可能性は否定される。「小さな都市センターには……交通やサービスという基礎的なインフラがない……経営者や専門家が大都会から離れたがらない」。これが問題の核心である。「経営者と専門家が大都会から離れたがらない！」。これは明らかにきわめて大きな場所にだけ合うように開発された技術を小さな場所に移そうとするものである。小さな場所に住む人々はそれに対応できない。経営者や専門家は「大都会」から借りてこなくてはならない。この提案は経済的に意味がないので、来る人はいない。技術が適合的でなく、そのことはプロジェクトが全体として不経済だということを意味する。

私は靴屋（シューマッハー）という名前なので、よい靴屋は靴づくりの知識を十分もっているだけではだめなことをよく心得ている。足の知識が要るのである。大男の靴は小男の足には合わない。小さい足には別の靴、「質の落ちる」靴ではなくて、正しいサイズの靴が要る。一般的にいって、現代技術は大男専用の、いい靴を作っている。それは大量生産に向いている。高度に洗練されているし、資本コストは莫大である。いうまでもなく、それは大都市や巨大都市圏のなかかその近傍にしか合わない。

この問題に対する簡単な答えは、多くの人の頭に思い浮かばないようである。それは次のとおりである。もっと小さな場所に合った技術をつくりだすために、われわれの知的資源やその他の資源をすこしばかり動員しようではないか。

巨大都市圏の傍若無人の膨脹に対処したり、「開発地域」に新たな命を吹きこもうとして、信じられないほど多額の資金が費やされている。ところが、もしも「開発地域の固有の条件に合った技術の創造に少々資金を出してくれ」とでもいおうものなら、中世に連れもどそうとするものだとして非難される。

しかし、一つのことは確信をもっていえる。主要な大都市圏の「外」での効率的な生産のための適正技術が創造されないとなると、「巨大都市化」の破壊力が、社会・政治・道徳・環境・資源の各方面への悪影響を伴って、作用しつづけるということである。

現代技術が仕事の性質と人間の居住様式におよぼす影響を検討したので、次に第三の事例、きわめて政治的な悪影響、つまり人間の自由に対する影響を考察しよう。確かにこれは扱いにくい主題である。自由とはなんであろうか。長ったらしい哲学的論考をはじめる代わりに、多少とも反抗的な若者になにを要望するのかと尋ねてみよう。彼らのしたくないことは次のようなものである。

生き残り競争に加わりたくない
機械、官僚制、退屈、醜悪さに屈伏しない
愚か者、ロボット、通勤者になりたくない
人間の切れ端になりたくない

で、彼らが肯定するものは、

自分自身のことをしたい
(比較的) 簡素な暮らしがしたい
仮面ではなく、人間と交渉をもちたい
人間が問題なのだ。自然が問題なのだ。美しさが問題なのだ。全体性が問題なのだ。人や

ものをやさしく気遣うことができるようになりたい

以上をまとめて私は自由への憧れと呼ぶ。

なぜ自由がこんなにも失われたのだろうか。「なにも失われていない、前より多くを望んでいるだけだ」という人がいる。いずれにせよ、このもっとも貴重なもの、自由の供給と需要のあいだに溝がある。これに技術はなにか関連があるのだろうか。組織の規模と複雑さが大いに関連のあることは疑いない。

過去百年の間の、組織単位の膨脹傾向の原因はなんだろうか。偏執的な大金持ちは別にして、だれも大きな組織を好いていない。なぜそんなものが要るのだろうか。答えは常にただ一つ、技術の進歩である。では、なぜわれわれの技術者は技術の進歩を別の方向に向けないのだろうか。つまり、次の方向である。

○小さく
○簡素で
○資本コストの低い
○技術的には非暴力

技術者に質問すると、「だれからもそんな要望を受けたことはないから」という答えが返ってくる。さらに「受けたらできるのか」と問うと、答えは「むろん、需要があればできる」となる。

比較的最近、私は繊維機械を開発している有名な研究所を訪問した。その印象は圧倒的で、最新・最上の機械は想像しうるすべてのこと、現物を見るまではまったく想像できなかったことをやってのけているように見えた。

「今ではなんでもできるんですね。なぜここで切りあげないのですか」と私は案内してくれた教授に尋ねた。

この親切な案内役はその場で足を止め、「おや、どういう意味ですか。進歩を止めることはできませんよ。ここには頭のいい人が大勢いて、もっともっと改良しようと考えているんです。私がいいアイディアを潰《つぶ》すと思ってはいないでしょう。進歩はよいことです」

「ただ、機械一台当たりの価格が今でも十万ポンド台で、それが十五万ポンドにあがるでしょう」「でも、なんでそれが悪いんですか。機械は五割高くなっても、少なくとも六割改良されます」と彼は主張した。

「それはそうでしょうが、その分だけ金や権力を持っている人々だけのものになるでしょう。今やっていることの政治的な効果を考えたことがおありですか」

もちろん、それが彼の頭に浮かんだことはない。だが、彼はひどく戸惑った。彼には問題点がすぐわかったのである。「止めるわけにはゆきません」と彼は抗弁した。

「むろん、止められないでしょう。でも、なにかできるはずです。釣り合いをとるもの、対抗する力、いってみれば庶民のための、効率のよい小規模技術をつくろうと努めることはできます。庶民のためになにをなさっているんですか」

「なにも」

私は彼に「中間消滅の法則」と名付けたものについて語った。技術の発展においては、意識的に外から規制しないと、流れに乗った野心家や創意のある才能の持ち主はすべて名声と興奮をもたらす唯一の分野、開拓最前線に走ってしまう。

開発は第一段階から第二段階にすすみ、さらに第三段階に移ると、第二段階は脱落し、第四段階にまで達すると、第三段階が脱落する、という具合に次々と展開してゆく。

この過程を観察するのはむずかしくない。「よりよいもの」はよいものの敵であり、よりよいものがカネや市場や経営管理やその他もろもろの理由で大多数の人の手に届かなくても、よいものを追放してしまう。歩調を合わせられない者は脱落し、第一段階の技術しか手にできない。農民は、もしトラクターやコンバイン収穫機を買えないとしたら、こうした仕事に効率のよい、牛馬が引く農具——三十五年前に私が使ってきたような——をどこで入手できるのだろうか。それを売っているところはない。そこで、農業を続けるわけにはゆかない。犂《すき》と鎌《かま》はまだ簡単に手に入る。最新で最上のものも——カネのある人は——手に入るが、両者の間のもの、中間技術が消滅する。完全に消滅してはいなくても、完全に無視されていて――改良もされず、新しい知識の利益も受けず、古くさく魅力のないものとなっているといった具合である。

　こうしたことの結果、自由が失われる。金持ちと権力者の力がいよいよ幅をきかせ、組織的になる。金持ちの独占的な力に対抗できる、自由で独立心の強い「中産階級」が、「消えゆく中間」技術とともに消滅の道をたどる（富んだ組織を管理・運営する職業的な奉仕者としての中産階級は残るが、彼らには対抗する力はない）。生産と所得はますます少数の人、組織ないしは官僚制度の手に握られ――累進課税と福祉支出の増大によって必死にこの傾向を打ち消そうとしているが――、大多数の人は金持ちのくれる「隙間」を探しまわって、そこに自分を押しこむほかないのである。第一の戒律は「汝、適合せよ」である。なにに適合するのか。なんでもよい、手近の「隙間」にである。そして、もしそれが十分になければ、失業である。これまで自分の仕事をやってこなかったので、今仕事の能力があるとは思えないが、いずれにせよ、以前の仕事を効率よくやるうえで助けとなった技術は、もはや見当たらない。

　答えはどうなるだろうか。技術の「中間消滅の法則」に対しては意識的な行動、つまり「中間技術」――その目標は以下のとおり――の開発で「対抗しなくてはならない」

○小さいこと
○簡素なこと
○安い資本でできること
○非暴力的なこと

最初の三つと性質がやや違う、第四の目標には多少の説明が要るだろう。極端な例として、歴史上最も暴力的な技術、原子力――「平和的」原子核エネルギー――の政治的含意を考えてみよう。今日の核開発計画が実行されるとすれば起こる、プルトニウムや放射性物質が至るところに存在するとき、どんな安全対策が必要になるかを考えていただきたい。これらの恐ろしい物質が環境にもれ出ることはなんとしても防がなくてはならないし、どんな場合にもコントロール下に置かなくてはならないし、また決して悪しき手――強請者、テロリスト、政治的ならず者ないしは自殺狂――に渡るようなことがあってはならない。この種の物質の加工や使用の段階ごとに、国中で行ったり来たりする輸送がひっきりなしにおこなわれるだろうが――絶対に大きな間違いが起こってはならない。技術と自由の連関は明らかであり、自由の代価、あるいは少なくともその代価の一部が暴力的な技術を避けることであるのを見抜くのは困難ではない。

訳注

〔1〕マルクス、エンゲルス邦訳『共産党宣言』大内兵衛・向坂逸郎訳、岩波文庫。

〔2〕同右

〔3〕アダム・スミス『諸国民の富』第五編第一章。

〔4〕マルクス『資本論』第四編第十二章。

3　西ヨーロッパのエネルギー危機

現代世界の化石燃料への依存の大きさに関しては、いくら強調しても十分とはいえない。化石燃料は再生不能で地球の一度かぎりの恵みであるから、量的にもしたがってまた期間的にも供給には限界があり、現代経済が持続的で幾何級数的な化石燃料需要の増加とかたく結びついていることは強い懸念を引きおこすにちがいない。一九七一年——世界の統計が揃っているいちばん新しい年次——には、世界の総エネルギー消費は石炭換算で七二・六億トンで一九七〇年より三億トン近く多く、このうち六四パーセントを石油と天然ガス、三四パーセントを固形燃料、二パーセントを一次電力（すなわち、水力発電による電力と原子核エネルギー）が占めている。このように、厳密にいえば再生産不能の「資本」である化石燃料が全需要の九八パーセントを占め、他方再生産可能な「所得燃料」は二パーセントしか供給されていない。後者の寄与がこれでは過少評価されているといわれるかもしれない。転換率を変えれば、「所得燃料」は全体の六パーセント寄与していることになるかもしれない。だが、これとてもほとんど完全な「資本」への依存という、基本的な状態を変えるものではない。

燃料需要と並んで化石燃料の埋蔵量の地理的分布が、状況を悪化させている。需要対資源という観点からすると、世界は四つの群に分けることができよう。第一群は高い消費率と豊かな地場資源をもち、第二群は高い消費率と資源の少ない国々、第三群は低い消費率と大きな資源、第四群は低い消費率と少ない資源しかない。第二群の代表例は西ヨーロッパと日本であり、アメリカは急速にこれと似た状態にはいりつつある。第三群の代表は中近東と北アフリカである。これら二群のあいだの関係は――すくなくとも今後十年から三十年という短期間に――決定的に重要である。第三群の国々は、自分たちの交渉上の立場の強さをますます意識してきており――この立場を彼らはＯＰＥＣ、つまり石油輸出国機構をつくって固め、また自国の石油資源が枯渇した暁の国民の生計の資を準備するのが、いかに困難かを認識しだしている。自国の石油への需要は価格が急騰してもほとんど動かないとわかったので、これらの国々は石油の供給を減らしてカネを稼ぐことができるし、その多くがすでに輸入支払いに使える以上の外貨をためこんでいる。この余剰の現金を彼らはどうしたらよいのだろうか。ようやくまとまりつつある結論は、自国にとって最善の長期投資は石油を地下に眠らせておき、外貨需要に合わせた率で掘りだすことである。この動きは、これまで緩慢ではあったが無慈悲なもので、第二群の国々を明日にも危険な状態に陥れている。

厳しい供給減がどのくらい早く到来するかはだれも予測できないが、「予見しうる将来」は心配なしとするのは理にかなっていない。また化石燃料の「究極の埋蔵量」の規模を正確に語ることもだれもできない。通常オイル・シェールやタール砂のなかの炭化水素まで含めた、究極の埋蔵量を算定するのは、目前の危険から目を逸《そ》らさせてしまうだけである。新たな展開——原子核エネルギーがその例——には量的に役立つ規模に達するまでに何年はおろか何十年におよぶ「先行投資期間」がある。この関連で規模は決定的に重要で、世界の化石燃料需要の年間増加が石炭換算で何億トンという量であることを忘れてはならない。OPEC諸国の石油の全面的かつ恒久的な供給停止ということはないとしても、政治的要因による一時的な供給の乱れや、相当な長期的供給減は第二群の諸国の経済に混乱をもたらし、ある種の麻痺《まひ》や秩序の破壊を引き起こし、容易に回復できないかもしれない。

ここにごく大筋だけを描いた、こうした基本的な事実を考慮して、現在西ヨーロッパ、日本や他の第二群の国々では新しい「エネルギー政策」を模索する必要についての認識が高まっている。原則論としては、その政策は二つの範疇《はんちゅう》に分けられるだろう——一つは別の供給源を拡げようとするものと、需要を減らそうとするものである。まず需要のほうを見てみよう。いうまでもなく、石油価格の急騰はある程度需要を減らすだろうが、前述したように、燃料は代替物もリサイクルの可能性もない生産手段であり、したがって燃料なしとは生産もないことを意味するから、燃料の需要は極度に非弾力的である。必要なときに手にはいらない燃料は、もっとも高価な燃料といえよう。むろん、燃料やエネルギー利用の技術的効率の改良・改善の可能性は多々あるが、安価な化石燃料が供給されていた時期にこの点は軽視されていた。とはいえ、この可能性に量的に決定的な意義をあたえるのは無理であろう。それを実現するのには巨額の投資が要る——一例が今ある発電所から出るむだな熱の利用の場合のように――うえに、長い時間がかかる。燃料の効率改善は、現実には燃料やエネルギーの総需要の増加率を若干さげる以上の役は果たさない。もちろん、それをやってみるのは有益だが、限界的な寄与しか期待できない。次の問いを発する必要がある。一方で伝統社会がごく少量の燃料消費でやりくりしているのに、いわゆる先進国での燃料とエネルギーの消費水準がこのように異常なほど高いのはなぜか。ふつう出される答えは、先進国の所得水準が高い点に言及するだけである。だが、この答えは表面をなでるだけで満足できない。たとえば、食糧の生産と消費をとってみよう。「先進」社会では、生産過程に伝統社会の要求しているものの何倍、何十倍もの燃料とエネルギーが投入されているが、食糧の消費水準は前者では後者（の一部）と比べてさほど高くはない。この状態を研究してみると、価値のあるヒントがいくつか出てくる。これと似たヒントが歴史的な分析から得られる。たとえば過去二十五年のあいだ、先進国農業での、食糧加工の場合を含めて農業における燃料投入の需要は、農業生産の増加と比べ高い数値の因数倍で伸びているのである。

農業が――産出額一単位当たり――このように高い「燃料依存」度をもつに至ったのはなぜだろうか。答えは、ただただ以下の三つの要因の発生にある。

○新しい生産形態

○新しい消費形態

○人口の地理的分布の新しい形態

アメリカの研究によれば、その農業が大幅に化石燃料に依存していることは明らかである。「収穫された農産物は太陽エネルギーを補捉し、これを食糧などの有用な産物として蓄える。だが、捕捉されるエネルギーは、われわれがそれを捕捉するために燃やすエネルギーより少ない。農業は、他のいかなる産業よりも多くの石油を消費するので、エネルギー資源の大消費産業になってしまった。世界がエネルギー価格の高騰する将来に向かっているのだとすると、アメリカの農業で今使われている、高度に機械化された技術は適切ではないだろう[1]」。バリー・コモナー教授が印象的な数字を挙げている。

一九四九年に農業の生産物一単位当たり平均約一一、〇〇〇トンの窒素肥料が使われたが、一九六八年には同じ収穫に対して約五七、〇〇〇トン使われた。これは窒素の収穫増加への貢献度が五分の一に落ちたことを意味する[2]。

同じ期間に、アメリカの人口は三四パーセント、農業生産の総量は四五パーセント増えた。窒素肥料の年間使用量は六四八パーセント増え、収穫農地は一六パーセント減っている[3]。ほぼ同じ期間、すなわち一九四六年から一九七一年までに、アメリカの農業従事者の比率は一四パーセントから落ちて四・四パーセントになった。農業が化石燃料に大きく依存するようになった理由は、生産様式のこうした変化に求めるべきであって、機械設備や化学工場における燃料効率の悪さに求めることはできない。

　消費形態も同様な変化をとげてきた。先進国では、自然のままの形で消費者の手にとどく食物はごく少ない。食物のほとんどすべては、さまざまに加工され、包装され、長い距離をくるまにゆられて送られてくる。特化した大量生産に伴って、消費地と生産地の距離は遠くなる――そしてこれらのことすべてが安価な機械的・加工エネルギーを大量に要求する。

　人間の食糧消費は生理的に限界があり、豊かさが増すのにつれて大きく伸びないのだから、農業は格好な実例として役に立つが、同じ傾向は工業の分野でも、いや実は現代経済の他の面すべてで見られるのである。この傾向は人口の地理的な分布形態の変化によってさらに促進され、これについては都市化が最大の要因である。どこでもそうだが、特に目を引くのは発展途上国で、一人当たりの化石燃料消費率が大都市で高く、そしてこれはすべての部門――国内、工業、公共サービス等――に当てはまる。関係の統計情報を手に入れるのは困難だが、それぞれの国の内部で一人当たりの燃料消費と人口「稠密度」の間に強い正の相関があるのはまず疑いの余地がない。

　以上の考察や事実の証拠からいえるのは、現代社会の燃料供給への依存を大幅に減らすのは、新しい生活様式――新たな生産形態、消費形態と人口の地理的分布の新しい形態をそなえた――を発展させてはじめてできるということである。現在の生活様式の大半が現代技術によって形づくられてきた以上、新たな「技術様式」を意識的に、しかも慎重に創造することなしには新たな生活様式が生まれることはありえないであろう。

　この問題を考察する前に、しかしながら、供給面を一瞥《いちべつ》しなくてはならない。石油が希少になるとき、ギャップを埋めるべき別の燃料供給源を開発する可能性はあるのだろうか。この疑問を提起すると、原子核エネルギーの、いわゆる無限の可能性が指摘されるのが常である。放射能を安全に処理する方法がないかぎり、核分裂エネルギーを大規模に発展させるのは、ほとんど自殺的である。付け加えなくてはならないのは、そのような大規模の開発は、増殖炉を基礎にしてはじめて可能だということである。ところが、「高速増殖炉への予想される転換は、半減期のきわめて長い放射性物質を大量に放出するので、事態を一層悪化させるだろう[4]」。そしてまた「現在使用されている原子炉のもっとも困った点の一つは、廃炉の炉心を廃棄できず、密封して埋めなければならないということで――予想を絶する規模の事故か、直接身に受けるか間接の伝播《でんぱ》で放射能の被曝を受ける危険について人々は恐れて身震いしているのだ[5]」ともいわれている。さらに「増殖炉は、プロセスがより高速で起こるので、現在使われている炉より、もともと遥かに管理しにくいものだ[6]」ともいわれる。こうした目を剝《む》くような危険があるので、昨今は核融合の無限の可能性について語られることが多い。「核融合による発電は放射性廃棄物を発生しない――むずかしい点はこれがものすごい高温（最高摂氏二億度）を継続的に維持してはじめて可能なことにある」[7]。太陽熱を大量に地上でつくりだすと、生き物の環境にどんな影響をおよぼすかはまったく未知の領域であり、いずれにせよ、量的に十分な規模でのそうしたプロセスが現実にできるものかどうかは、決してはっきりしていないので、予見しうる将来にその実現に成功するという期待の下で現実的な政策を立てることはできない。

そこで論議の対象は太陽エネルギーとその派生物、そしてまた潮力とか地熱の大規模利用の可能性にもどってくる。これらの「所得エネルギー」は、むろん、非常に大きく、無限であり（地熱は若干例外）、地球上にまんべんなく分散している。難点は、分散しているので元来拡散していて容易には集約化できず、また現代の世界が化石燃料の場合に慣れているような、継続的な大量供給の形に簡単に集中化できないことである。太陽エネルギーの問題は直ちに前記の「生活様式」の問題を提起する。高度に分散したエネルギーは高度に分権化された生活形態にしか適合しない。したがって、現代世界の化石燃料への依存は、新しい「技術様式」の開発によってのみ目にみえて減らせるという命題にもどってくる。

ここまできて、大部分が第四グループ――エネルギー消費率が低く、地場の燃料資源が少ない国――に属する第三世界の状態に目を向けるのがよかろう。過去二十年の開発政策は、「開発」をもっとも迅速に達成するのは、豊かな国の進んだ技術を第三世界に移転させる以外にないという前提にほとんどもっぱら依拠してきた。その移転が実行されると、その結末は開発の大都市への集中、農村人口のこれら都市への大量移住とその結果のスラムの発生、大量の失業、農村地区での生活の停滞、そしてエネルギー消費の急増である。昨今勢いを得ている見解は、第三世界がなによりもまず必要としているのは、「適正」とはなにかについては十分な理解がないものの、「適正技術」であるという点である。中間技術開発グループの仕事ではっきりしてきたのは、「適正」の基準の第一は「小規模」だということである。第三世界の住民の大多数は、今でも村落や小さな街に住んでいて、都会にはなかなか吸収されない。地方の市場は、分散した暮らし方や貧困のゆえに概して狭く、このことは大規模な大量生産による工業が農村地域には経済的に適合できないことを意味している。小さい市場は小規模の生産単位を必要としており、これは効率のよい小規模技術を基盤にしてはじめて生きてゆける。そうした技術を開発する実際の仕事で、現代の科学と技術知識がその目的のために活用されるならば、それが実行可能であることがはっきりしている。

第二グループに属する先進社会の直面しているエネルギー問題の重大さを考えると、この方向で仕事をすることこそが社会自身の生き残りにも最大の効果のあるものとなる。

人間は食物を手にいれてはじめて他のことをすることができる。したがって、大急ぎでおこなうべきことは——第三世界の飢えとの戦いという観点から、あるいは将来の石油不足に対処するための、先進国での新しい生活様式の開発という見地からも——農業の方法と政策を再検討することである。すくなくとも、農業は化石燃料から相対的に独立すべきであり、このことは大規模な機械化や化学肥料の集中的な使用に頼らないということである。すくなくとも、農業は危機が生じたとき大量の労働力を吸収し、それによって多くの人に生活の資を得る機会をあたえられるような組織をもつべきである。太陽エネルギーや他の「所得燃料」を利用したり、「リサイクリング」を体系的に実行するのにこれほど適した生産部門はない。また、真に自立した農業を発展させたいならば、まったく「新たなモデル」を探すには当たらない。世界の至るところで、豊かな国であれ貧しい国であれ、多くの成功した農民が今日巨《おお》きな機械化もなしに、化学薬品も使わず、高い収穫をあげている。彼らの方法とは、だれもが知っているように、太陽エネルギー以外のなんの燃料の注入もいらない、自然の循環に歩調を合わせたものである。

エネルギー問題の考察が、われわれを「土に帰らせ」、「自然に還らせ」たのは、意外に思われるかもしれない。しかし、問題の表面からすすんでその根源まで探ろうとすると、これは当然のことである。現代世界の道徳的弱点は、変えることのできない自然の現実から身を遠ざけてしまったことで、その一つの現れが化石燃料への不注意な依存なのである。本節で述べたことは、農業を永続性の基盤の上におきさえすれば、自然にエネルギー問題は解決されるということではない。そうではなくて、それが意味するのは、解決策は単なるエネルギーの技術や経済学——ないしはエネルギーの権力政治——だけにはないこと、またエネルギー問題が提起している課題とは、新しい生活様式を発展させることであり、それは論理的にまた不可避的に、われわれがその一部であり、またそれなしでは生きられない、土との関係を改めることから始めなくてはならないということである。

原注

（1）CBNS Notes,(Center for the Biology of Natural Systems, Washington University, St.Louis, Missouri) Volume 6,1,5 (1973).
（2）B.Commoner, *The Closing Circle* (Alfred A Knopf, New York, 1971), pp.149-150.
（3）Ibid.
（4）*Pollution: Nuisance or Nemesis ?* (London, HMSO, 1972), p.36.
（5）*Sinews for Survival* (London, HMSO, 1972), pp.37-38.
（6）Ibid., p.36.
（7）Ibid., p.36.

第五章　開　発

1　健全な開発

手始めに東アフリカからの短い報告を一つ。

繊維工場のオランダ人工場長は、私を礼儀正しく受け入れてくれ、私が事前に半ば予想していた猜疑心《さいぎしん》やいらいらした反感は一かけらもなかった。「また公式訪問者に時間をとられ、なにかピントはずれの質問をされる」と、たぶん工場長は考えただろう。そして、むろん、私は質問を次々にぶつけようとしていた。

「本工場は、ご覧のとおりオートメーションが非常に進んでいます」と彼はいった。

それを遮《さえぎ》って私はいった。「その前に一つ説明してくれませんか。私が来たとき、百人ほどの若いアフリカ人が工場の入り口にいて、武装したガードマンが入るのを抑えていましたが、なにか騒動でもあるのですか」

このオランダ人は笑って答えた。「いや、とんでもない。連中はいつもそこにいるんですよ。私がだれかを首にして、代わりにその仕事ができるのを心待ちしてるんですよ」

「ということは、この街には失業者が溢《あふ》れているということですか」

「ええ。ひどい状態です」

「なるほど。口をさしはさんで失礼しました。どうか続けてください」

オランダ人がいった。「この工場は、ご覧のように、東アフリカで最も近代的な、高度に自動化された工場の一つです。工員は約五百人ですが、これは多すぎます。自動機械が十分稼働するようになれば、人数を大幅に減らしたいと考えています」

「ということは、門の外の人たちにはあんまり希望はないということですね」

「そう。残念ながら、ありません」

「では、お聞きしたいのですが、こうした工場の機械設備の価額はどのくらいですか」

「百十万ポンド見当です」

「五百人の仕事に対するものとすると、仕事場当たり二千ポンドですね。それは貧しい国にとっては大きな金額だ。西ヨーロッパかアメリカの『資本集約度』ですね」

「そう、そのとおりです。この工場は世界のどこにでもある近代的なものです」とこのオランダ人は答えた。

彼は私がびっくりしたのを見逃さなかった。

「ご存じのとおり、われわれは競争力をもたなくてはなりません。要求されている品質がものすごく高いのです。欠陥商品を出すわけにはいきません。ここの連中を訓練して欠陥のない仕事ができるようにするのはとてもむずかしい。工場の規律が全然ないんです。機械は誤りを犯しませんが、人間は犯します。良質の製品をつくるには、人間的要素を消さねばなりません」

私はいいました。「なるほど。でもこれだけは教えてください。この小さな街になぜこの工場を建てたのですか。首都でなら、市場の点でも他のすべての点でもきっとずっとうまくゆくでしょうに」

「おっしゃるとおりです。われわれはここには来たくなかった。これは政府の決定なのです」

「政府の考えの根拠は?」

「それは単純なものです。この地域には失業者がとても多いからです。それで、われわれはここに来ざるをえなかったのです」

「なるほど。そこで、あなたの目的は人間的要素を排除することでしたね」

「そうです。そこに矛盾があるのはわかっています。が、私としてはこの投資を採算にのせなくてはなりません。ほかにいい手があるでしょうか」とこのオランダ人はいった。

課題には二面がある。どのようにして開発を速めるか、またどうしたら健全な開発をおこなえるかである。この両面は一見対立しているが、深く考えると、ごく短期は別として二つは相補うものである。

不健全な開発の実例は世界の至るところにあり、富んだ国にもある。その結果、人間の堕落と環境の破壊が起こっている。開発が健全だといえるのは、それによって人々が能力一杯まで向上し、環境も可能なかぎり良くなる場合にかぎる。

「開発」が迷路におちたのは、なにが主因なのだろうか。それは地理上（場所的）の要素を無視したことである。開発という事業はおしなべて困難なものではあるが、大都市——通常は首都——でのほうが中都市よりやりやすい。小さな街でするよりは中都市でするほうがやさしい。農村部でするのが一番むずかしいのである。

経済諸力が自由にはたらくと、それはどうしても農村地域よりも都市に、小都市よりも大都市に有利になる。そこで都市への大量移住、大量失業と飢えの危険という、三つの弊害を起こすようになる。

まるで雨後の筍《たけのこ》のように増えた都市は、心身を病み、大半は失業中のプロレタリアートでごったがえし、それを取り巻く貧窮ベルト地帯は日に日に膨《ふく》らんでゆく。こうした情景は世界中で見られる。豊かな少数者にとっては、よしんば犯罪の多発や政治不安の徴候で身の危険があるという暗い面はあるものの、都市は豪奢《ごうしゃ》な生活を提供する。困窮した大多数の人々にとっては堕落の道しかない。

他方、農村地域はますます衰えてゆく。能力のある者はだれでも、都市に移り住み、農村の貧窮から逃れようとする。そして、このあらがいがたい「人材流出」が後背地としての農村の諸問題をますます手に負えないものにする。この種の「開発」の果てに社会の混乱、人間と環境の堕落があるのである。

発展途上国の圧倒的多数は主として農業国であり、農業の開発と発展を第一に優先し、それに注意を払わねばならないのは明らかである。農業は街ではできない以上、農村をまず優先し、それに注意を向けなくてはならない。

どんなふうな優先度と注意であろうか。生きるのがやっとの原始的農業に従事している、あまり字が読めない農民のところへでかけて、彼らが近代農法を採用して成功するのを期待するのは無駄なことである。貧困は悪循環で、自分を喰《く》って生きてゆく。農村の貧困の悪循環を断ち切るには、農村地域に農業以外の活動を導きいれるしかない。この活動は工業と文化の二つの言葉に要約できよう。

大地の表面を耕し、牛と同じ屋根の下に住むような、貧困の状態の農業だけでは精神を発達させることは通常できない。農民には農外活動の刺激が必要で、これがないと生存ぎりぎりの生活水準から抜け出せず、ますます都会の「ましな暮らし」を求めて土地を見捨ててゆくことになる。

文化がないと、農業という仕事は質を高めることができず、また工業を興すこともできない。まず、文化が第一である。その後に続いて自然に工業が発展し、それがまた文化を刺激する。

以上の説明を認めていただけるならば、開発戦略が明瞭な姿を現してくる。まず第一は、村に文化を入れる、そして同時に工業をもってくる（「村」はここでは少なくとも二、三百人、できれば二、三千人の住民の共同体を意味している。広く分散した集落を助けることはこの段階ではできない）。

これを言い替えてみると、なにごとにもある種の「構造」が要るのである。工業に意図してつくりあげた構造が必要であるのと同様、文化にも意図してつくりあげた構造が必要である。工業でも文化でも、「構造」が健全なものであるためには、質的であると同時に地理的な構造でなくてはならない。

理想的な文化構造は次のようなものであろう。数多くの文化的な「単位」が一国を構成するが、各単位は最小で百万人、最大で、例えば、三百万人の住民をもつであろう。各文化「単位」は次のようなピラミッド構成となる。すなわち、村のレベルには小学校が一校あり、多数の村の上に中学校一校をもつ市場町が位置し、また多数の市場町の上に高等教育機関一校を有する地域のセンターがある。

理想的な工業構造は基本的にこれと似ているだろう。村には小規模工業、市場町には中規模の工業、そして地域センターには大規模工業がある。そして、おそらく首都には首都だけの独自な、いくつかの工業活動が見られるだろう（もっとも、これは不可欠のものではない。首都はいずれにせよ国のための一定の非工業サービスを提供するわけで、これ自体が「首都特有の」ものであるから)。

こうした理想的な構造がどこでもいつでも達成できるとは主張しない。ただ、それは指針を与えてくれる。また、「工業」は文化よりも立地条件と深く結びついているのは明らかなので、工業構造は文化構造より「理想からかけはなれても」止むをえないものとしなくてはならないだろう。

健全な開発という問題には万能の解決法がないという点を強調する必要がある。農業でも工業でも通信でも、教育においてさえも、巨大な計画は理論上は魅力的でも、いざ実行の段になると、かならず失敗する。成功の鍵《かぎ》は、大量生産ではなくて、大衆による生産なのである。新たな活動の提案を審査する際、関連事項として政治的、社会学的および地理的な要請や現在の諸条件をはっきりと挙げて、これを受け入れないかぎり、純経済的審査ではどうしても判断を誤らせる。人を管理するより機械を管理するほうが常に楽であるから、経済計算はいつでも小規模プロジェクトより大規模のそれを、村のプロジェクトより街のそれを、労働集約型のプロジェクトより資本集約型のそれを優先する傾向がある。だが、これが意味するのは、経済計算は基礎的な政策決定がおこなわれてからはじめて適用の場を与えられるということである。この基礎的な政策決定では、大プロジェクトより小プロジェクトを、街のプロジェクトより村のプロジェクトを、資本消費型のプロジェクトより労働使用型のプロジェクトを——労働力が実質的にボトルネックになる時点まで——優先すべきなのである。健全な開発戦略において同時に追求すべき努力の方向には三つある。

(a)　農村地域に文化をもちこむこと
(b)　農村地域に工業をもちこみ、さらに
(c)　農法とその実践の質をあげること

(a)　**文　化**

文化の要素とは、絵画、音楽、読み物、工業的技能（これについては後述）および身体にかかわる文化、つまり衛生とスポーツである。これらすべての分野で、農村地域は貧困に打ちひしがれている。この状態を改善するのに必要なのは、十分な指導力と比較的僅《わず》かなカネである。

政府の役所が老朽化して、汚くて冴《さ》えない状態だと、一般の人々に呼びかけて自分たちの家や村をスマートで清潔で彩り豊かにせよといっても、説得力がないだろう。自立は一定の誇りを予想しており、誇りの根っこはクリーンでスマートなことである。ペンキで塗りあげた家が資産であるのは、白い輝きを保っているときだけである。できればどんどん村にペンキを持ちこむことである。

地方の芸能は開発の重要な手段である。それは心に刺激をあたえ、その刺激こそが一切の出発点となる。

アマチュア音楽はラジオにまさり、人を刺激し、ひきつける。

いちばん大切なのは読み物である。文字を覚えたら、次にはなにをするか。文字教育に二十シリングを投じたのなら、読み物の準備、製作と配本に少なくとも一シリングかける値打ちがあるどころか、必須である。これは功利的で教訓的な読み物にかぎられてはならず、もっと広い範囲――政治、歴史、芸術――の読み物を含むべきである。つまり、「精神を養うプログラム」である。

衛生とスポーツも、開発と同様に欠かせない手段である。

以上述べた事柄のすべてにおいて、男性だけでなく女性をも巻きこむ必要がある。女性は次の世代を養い育てるのだから、むしろ男性より重要である。

これを完成させるにはどうしたらよいだろうか。少数の教育・地域開発関係の役人だけではだめで、発展途上国の教育のある人々全員を組織的に巻きこんではじめて可能になる。

おカネではなく、文化が開発の第一の原動力であることがしばしば見逃されているので、文化について少し述べる必要がある。

農村地域や小都市では、新聞をはじめとする読み物がないので孤立感がつのる。首都でつくられる新聞は、後背地には通常規則正しく届かず、届いても相当日遅れのことが多い。しかも、値段が高すぎる。

地方で少々創意工夫をこらし、中央が少し補助すれば、小さな地方新聞を安くつくれる。ある発展途上国の成功例は次のようなものであった。小さな街や後背地の大きな村から集めた、数多くの教育程度の高い人々——教師が主——を首都で短期間訓練する。訓練が終わると、彼らにはトランジスタ・ラジオ（もし持っていない場合）、タイプライター、簡単な携帯コピー機と適当な量の用紙からなる、「ドゥ・イット・ユアセルフの道具一式」が与えられる。週三回、中央放送局がニュースを口述筆記の速度で放送する。先に訓練を受けた人が、自分の街や村にもどり、決められた時刻にスイッチを入れ、最少の費用で週三回ニュースのコピーを作る。この計画は資金的な援助なしでできることがわかっている。場合によっては、地方のニュース作成者は地方ニュースや論説を付け加えることもできた。

読み物は文化の主要な手段の一つ、実は欠かせない手段である。それがないと、教育というものはまったく成果をあげられない。読み物はごく安くつくることができる。ただし、内容は貧しい暮らしをしている人たちの現実の条件に相応《ふさわ》しいものでなくてはならない（すでに貧困を克服した人々は自分で必要を満たせるからいいが）。ニュース以外に貧しい人々に必要なのは、「簡単なメッセージ」、つまり、小さなパンフレットをつくり、簡単な説明と絵や写真で、たとえば林道のつくり方とか、家のリフォームの仕方、一家の食糧の調達法、初歩的な衛生の実施法とか、塗装の方法や音楽のつくり方等々が目で見てわかるようにして、実際的な自立と自己改善の道を切り開く方法を知らせることである。

こうした「簡単なメッセージ」をつくるのは容易なことではない。というのは、地場に住む学者や知識人は小さな余暇利用の研究グループを組織するべきである。彼ら以外にそれができる人はいないからである。ただし、彼らは後背地の貧しい人々と自分たちの間を隔て、思いやりと気配りによって架橋すべき三つの大きな溝――金持ちと貧乏人の間の溝、教育のある人とない人の間の溝、そして街の人と田舎の人の間の溝――を忘れてはならない。

(b) 工　業

何百人、何千人とまとまって人が住んでいるところでは、工業を興す機会がある。また、価値のある原料が地下に眠っているか、それをつくり出すことができるかする場所にも、チャンスはある。

もし何十万人かが、あまり分散していない地区とか地方に住んでいるならば、工業開発は次の要因に左右される。

(1) 新たなタイプの仕事につく、地方人の創意と意欲
(2) 地場の資源に関する知識を含めたノウハウ
(3) 商業のノウハウ

(4)　資金

農村地域や小都会では、これらの要因はすべて十分にないので、工業開発はそうした要因を全部動員したうえに、外部からそれを組織的かつ計画的に補足できるかどうかにかかっている。

前に述べたように、貧困というものは悪循環であり、どこから手をつけるかがむずかしい。そこで、工業活動の機会を探《さぐ》るということは、少なくとも当初はすでに始まっている活動を見つけてそれを推し進めることを意味する。

最初の仕事は人々がすでに始めていること――人々はなにかをしないと生きられない以上、なにかをしているに違いない――を観察・研究し、もっとうまくできるよう助けることである。それは多くの場合原料の生産から加工という後続の段階へ進むのを手助けすることを意味する。

第二の仕事は、人々の必要とするものがなんであるかを調べ、彼ら自身の生産努力でその多くを満たすよう手助けできるか、調べることである。

これら二つの課題がうまく達成されてはじめて、安んじて第三の課題、つまり、地域外の市場を相手に新製品を作ることが可能になる。

自立と自己改善への地場の創意は、それがないと有機的な成長が起こりえないという理由で最も貴重な資産である。住民にこの創意工夫がないと、助けることはまずできない。以上からいえるのは、そうした創意工夫が生まれれば、最大の注意と同情心をもって育て、外から最大限の支援を送るに値するということである。

後背地での適正な工業は、規模が大きくなく、被用者一人当たりの資本投下必要額は二、三百ポンドを超えないから、多額の資本を必要とすることはまずない。資金量が一定だとすると、工業の仕事場当たりの平均資本量が少なければ少ないほど、資本投下によってつくり出される仕事場の数は増える。低コストの仕事場を数多くつくり出すことによって、はじめて失業増加の問題が解決できる。

このことは意識的な政策選択の問題であり、経済学者や事業家の計算に委ねられるべきことではないという点が特に大事である。一国の開発政策は、主として財の生産を目標とすることもできるし、人間の開発を目標とすることもできる。前者は大量生産を目指し、後者は大衆による生産を目標とする。民間企業の経営者としては、自動化された機械のほうがどんな人間より仕事が速く信頼性も高いという理由で、「人間的要素の排除」は自然で合理的な要求であるから、もし民間企業にフリーハンドが与えられるならば、前者は避けられない帰結である。政治的に「中立な」経済学者による事業化調査は常にこの傾向を裏書きしている。とりわけ、労働者が工場の作業に慣れていないので新たに訓練を要する、発展途上国における調査がその例である。そこで、大量生産は成功すれば、安い消費財を供給することによって大衆を潤すという議論がでてくる。ところが、資本集約度の高い大量生産は「人間的要素を排除する」から、大衆は職を失い、最も安い商品すら買えない。大量生産は市場さえあれば、余剰の富を迅速に積みあげる有効な手段であり、この余剰がさらに失業中の大衆にも「浸み出して」ゆくという説がある。だが、そうした「浸み出し」は起こらず、金持ちはますます富み、貧者は相変わらず貧しいか、もっと貧しくなる「二重経済」が生まれるというのがどこでも経験するところなのである。このやり方では、「自立」、「人々の参加」とか「開発」は効果のあがらない願望にとどまらざるをえない。

もし大衆による生産を選ぶという政治的決定が下ったならば――「人間的要素」を排除する大量生産はやめて――、後背地における工業活動を興すという困難な仕事に優先順位をあたえるべきであり、そのわけは後背地にたまたま大勢の人が住んでいるからであり、また彼ら（か、その多く）が首都に惹《ひ》かれて出てゆくのは、由々《ゆゆ》しいことだということがおのずから結論づけられる。同時に、首都における工業開発は二つの範疇《はんちゅう》、すなわち、「国家工場」（特定の場合に限る）と地方市場を相手とする小規模な生産単位、に厳重に制限されなくてはならない。

「国家工場」と私がいうのは、なんらかの理由で後背地では建設できない、先端技術を駆使した、資本集約度の高い特別な事業である。だれの目にも明らかな例は、国際航空の運航に伴うプラントであろうが、そのほかにもきっと適例があるであろう。首都の工業は、そこにたくさん工場をつくると、人々を招き寄せるので困るから、資本集約的で労働節約型のものであるべきである。後背地の工業は、人口をそこにとどめ工業の技能を習得する機会を与えるのが望ましいので、労働集約的で資本節約型なものであるべきである。

(c) 農業

貧しい国の農業では、大部分の場合犂《すき》からトラクターへ、または大鉈《おおなた》からコンバイン収穫機に移行することができないことは、今日広く認められている。犂や大鉈より効率がよく、トラクターやコンバインより安くて使い勝手がよい農具を利用して、まず「中間の」段階に到達し、それを定着させなくてはならない。

問題点は、農民や農業共同体がどうしたら自分自身の必要に合った道具を選べるのか、どうしたら部品を含めてその供給を確保できるのか、そしてまたどうしたらその代金を支払えるのか、ということにある。農民の基本的な農具とは、犂、ハロー、プランター、耕作機と手押し車である。このうち一部は、地場の大工が適切な寸法でつくってくれる。ハローとか手押し車がそれである。他のものは業者から買わなくてはならず、業者はこれを輸入しなくてはならないかもしれない。業者は農民に対して、たとえばたくさんの種類の犂のサンプルを通常提供できない。いっぽう農民のほうは、どのタイプの犂が自分の土地その他の条件に適しているかを常に判断できるとはかぎらない。牛を二頭しか持っていないとすると、四ないし六頭引きの犂では彼にとって話にならない。耕す深さが間違っていると、それも致命的であろう。

発展途上国では次のような段取りが必要である。すなわち、第一に、農業の現場指導者は農場を巡回して、たとえば特定の条件に合う犂はどのタイプかを決める――実演してみせる――ことができるように、適切な農具のすべてを手元に持つ必要がある。第二に、適切な農具を部品も含めて製造したり、輸入したり、さらにそれを流通させたりする組織がなくてはならない。緊急に必要なこの仕事をおこなっている政府機関にとって代われるものは通常ない。第三に、役畜の訓練とそれが牽引《けんいん》する農具の使用と整備を農民に集中的に教えこむ必要がある。

健全な開発にはここに描いたような戦略――発展途上国の政府が一切の決定的な主導権をとるべき戦略――が必要だとしたら、豊かな国々はどんな援助を与えられるのだろうか、また与えるべきなのだろうか。不健全な開発をおこなったり促進したりする――ただいくらかの資金を出し、成り行きに任せる――のが簡単なことは明らかである。開発といわれるものは、そうなると相変わらず主に首都でおこなわれ、金持ちはますます富み、貧乏人はいよいよ貧しくなる。大衆による生産ではなくて、大量生産が起こる。有能で非常に進歩的、ダイナミックで現代風の事業家は、「人間的要素」を排除するだろうし、経済学者と統計家は「成長率」の高さを賞賛するだろう。これらすべては比較的簡単なことで、――しかもそれはもっとも豊かな社会ですら容易に逃れられない弊害に通じる道なのである。

しかし、自立と民衆参加のうえに立った、大量生産ではなく大衆による生産、人間的要素の排除ではなく活用、そしてごくわずかの都市化と後背地における有機的な農工構造からなる健全な開発は、それとまったく異なる。われわれは、援助する側として適任だろうか。そうではなくて、われわれ自身「人間的要素」を排除するシステムにすっかりからめとられていて、援助はどうしてもすでに多くの証拠がある、滅びの手になってしまうのではないだろうか。

知識でもって彼らを助けることはできるが、われわれ自身がその知識をよきにつけ悪しきにつけ利用してきたやり方では助けられない。彼らの問題解決の手助けはできる。われわれの問題解決の仕方を提供するだけであれば、彼らを破滅に陥れる。

ミュルダール教授が名著『アジアのドラマ：諸国民の貧困の一研究』で強調しているように、欧米の技術進歩は第三世界の開発にはきわめてマイナスであり、「調査研究活動を活発化し、それを発展途上国の利益になる方向に向けることによってその不幸な影響を打ち消さ[1]」ないかぎり、希望がもてないのである。

ところが、そうした方向で努力している人々を、だれが支援してくれるのだろうか。その努力の必要を理解する人は、数こそ増えているものの、進んで支援の手を差し延べてくれない。

高度の工業主義を前提とする方法を貧しい人々に提供して、それで彼らを助けることはできない。彼らは「中間技術」を必要としており、自立の足掛かりを求めているのである。ロンドンの中間技術開発グループは彼らの「自立を助ける」種類の援助を組織している。このグループは、面子《メンツ》や自尊心を傷つけないで貧しい国々を助けるために、豊かな欧米の科学的知識と普遍的な能力を結集できるという信念を抱く、科学者、行政担当者や事業家のグループである。

訳注

〔1〕『アジアのドラマ：諸国民の貧困の一研究（*Asian Drama : an Inquiry into the Poverty of Nations*）』板垣与一監訳、東洋経済新報社。

2　中間技術による工業化

多くの「発展途上」国にみられる貧窮と挫折《ざせつ》の直接原因の多くは、疑いなく失業、特に農村地域の失業である。失業は大都市への大量移住を生む。「相互破壊現象」といってもよい。少数の大都市に近代工業が興ると、それは農村一帯の、これと競争関係に立つ伝統的な生産をほろぼしてしまう傾向があり、至るところに失業や半失業をひきおこす。農村はこれに大都市圏への大量移住で報復し、大都市はまったくお手あげの規模に膨《ふく》れあがる。「発展途上」国における大都市圏の膨張についての現時点での予測を見ると、この相互破壊現象の過程が止まったり緩んだりすると考えている人はまずいない。もっとも野心的な「経済成長率」にしても、予見しうる将来の失業問題、しかもいわゆる人口爆発によって悪化の一途をたどっている失業問題に十分に対処できると思っている人は寥々《りょうりょう》たるものである。十五年、さらには二十五年の「将来計画」が多くの「発展途上」国で発表されているが、それらはこうした国々で大多数の人を経済的に統合する希望を与えるものとはみられない。事実、先を見れば見るほど情勢は絶望的なものとなり、都市は人口が二千万、四千万、さらには六千万人に膨脹する、つまり見通しは数知れぬ人々にとっての想像を絶する「貧窮化」なのである。

序《つい》でに述べておきたいのは、「巨大都市」化の傾向と巨大都市圏化の傾向は農村地帯の人口過疎化と一体化して、最近ではアメリカ、イギリス、フランスやイタリアのような、高度に発展した諸国でも深刻な問題と考えられるようになったことである。これら諸国では、こうした発展が経済的富の合理的で望ましい使い方であるかどうかには疑問があるものの、そこから生じる莫大《ばくだい》な経済的負担に耐えることはできるだろう。豊かな国の社会の枠組みがこうした負担に耐えられるかどうかはともかく、「発展途上」国がこの道を通って経済の健康を取り戻せないことは十分明らかであろう。もちろん、国民所得は伸びるし、今後も伸び続けるだろうが、この種の統計数字は一国民の「生活水準」を表しているとはかぎらない。「ぎりぎりの生存コスト」の上昇を証明するだけかもしれない。農村地域から人が大都市へ移ると、農村の環境では無料で供給されるサービスの多くが高価な公共サービスとして降りかかってくるので、「ぎりぎりの生存コスト」がはねあがるのは否定できない。

「経済成長」という純粋に定量的で、定性的決定項をもたない概念は、合理的な政策目標とは受けとれない。問題はどうしたら健全な成長をえられるか、である。経験の示すところでは、ますます多くの人を貧窮に陥れ、社会のまとまりを壊してしまう種類の経済成長もあるのである。多くの「発展途上」国は、婉曲《えんきょく》に「二重経済」と呼ばれている国内経済の分裂に以前から悩んでおり、そこでは事実上まるで別の世界のように、互いに遠くかけ離れた二つの生活形態がある。一部の人が富んで残りは貧しいけれども、共通の生活様式で結びついている社会の問題ではなくて、二つの生活様式が並存し、一方の下のクラスの日々の支出でさえ片方の額《ひたい》に汗して働く人の所得の何倍もあるという構造である。「二重経済」から生じる社会の緊張は、今日全部とはいわないまでも、多くの「発展途上」国にはっきりとみてとれる。

もう一度脇道にそれるが、「世界でいちばん豊かな国」のアメリカですらこの方向への動きが看取され、ジョンソン大統領を動かして約三千八百万人のアメリカ人を貧窮から救いだすために「貧困に対する戦い」を宣言させたのである。ということは、近年の経済の動きは途方もなく強い、一種の破壊的圧力を及ぼしているのである。アメリカは圧倒的な富を使ってこれに対抗するだろうが、「発展途上」国はそうした富を持たずにどのようにそれに対抗したらいいのだろうか。

「発展途上」国の、失業と都市への大量移住という双子の悪について専門家が言及するのはまれである。言及しても、ただそれを嘆き、「過渡期の」現象として片づけてしまう。だが、時間さえ経《た》てばよくなる保証はなにもない。五ヵ年計画の終わりをはじめと比べて、失業が増えている例が後から後から出てくる。インドが一例であり、トルコも同じである。発展途上国は「当面の計画目標に完全雇用の実現を含めることはできない」と国際労働機構の最近の研究は述べている。その論拠は資本不足にあるとされる。途上国は失業を克服できないように、大量移住も克服できず、その都市は化け物のように大きく膨らむにつれて、ますます多くの人々をただ貧窮の状態におくためになけなしの資本を呑《の》みこんでしまう。

今や新しい思考が必要である。ある種の基本的真理、たとえば「資本」とは主として道具や機械のことであり、その目的は仕事の量を減らしたり、軽くしたり、それを使ってより多くのものをつくらせたりするものだという、否定できない事実を思いだすとよい。したがって、資本不足とは人々にとっての仕事が減るのではなく、反対に増える——仕事の生産性こそ落ちるものの、仕事量は増える——ことを意味するはずである。生産性の低い仕事でも仕事がないよりは生産的である。「資本不足」だと失業が不可避であると、なぜあきらめるのだろうか。今日資本不足とは近代的な機械のないことを意味する。近代的な機械の登場する以前には大量失業があったのだろうか。産業革命の前には現在の先進国で農村からの大量移住があったのだろうか。この問いを発するのは、現在直面している問題の解決を意図してのものではないが、建設的な解決の道をはっきり見えるようにするうえで役立つだろう。「発展途上」国——と対外援助の供与国——の第一の課題は、大量失業と都市への大量移住という双子の悪との戦いに一路邁進《まいしん》することである。その意味するところは次のとおりである。

第一に、仕事場は人々が移って行く大都市圏にではなく、今生活している地域につくりださなくてはならない。

第二に、仕事場は平均してごく安価なものでなければならない。達成もおぼつかない貯蓄や輸入の水準にたよらずに、それを大量につくるためである。

第三に、生産方法はごく単純・簡素なものでなくてはならない。生産過程自体ではもとよりのこと、組織、原料手当、資金繰り、販売等々の面でも、高度技術への要求を最小限にとどめるためである。

第四に、生産は大部分地場の原料により、販売は地場市場向けとしなければならない。

以上四つの要請を満たせる条件は、次のとおりである。

(a) 開発への「地域的なアプローチ」と

(b) 「中間技術」と呼ぶべきものを意識的に発展させる努力

現にある政治単位は、経済開発の単位としてかならずしも適正な規模とはいえない。大規模な人口移動を避けるべきだとすると、かなりの人口をもつ「地域」には自前の開発が必要である。周知の例をあげればシシリーで、主にイタリア北部に集中している工業が高い経済成長率を上げているからといって、シシリーが発展するわけではない。反対に、北イタリアの発展は、競争でシシリーの生産を圧殺し、才能と企業心のある連中をごっそりシシリーから流出させてしまい、その成功そのものでシシリー問題をつくりだす傾向がある。この傾向になんとかして歯止めをかけるために意識的に努めないと、北の成功で南の衰退をまねき、シシリーの大量失業により人口が大量移住を強いられることになる。似た例は世界中からひきだすことができる。特殊な例は別にして、一国のなかの「地域」が「開発」に素通りされると、不可避的に大量失業が起こり、遅かれ早かれ人々はそこから弾《はじ》き出される。

この問題では、厳密な定義は下せない。地理と地域事情によるところが多いからである。二、三千人の人口は経済開発の「地域」としては明らかに小さすぎる。いっぽう二、三十万人の社会は、かなり人口が分散していても、開発地域として扱ってよいかもしれない。スイス全土は人口六百万人足らずだが、二十以上の「カントン（州）」に分かれていて、各「カントン」は一種の開発地域であり、そのおかげで巨大な工業集中化の傾向が最小限に抑えられている。

各「地域」は、理想としてはある種の内部的なまとまりと特徴をもち、地域センターとして働く都市が少なくとも一つある。各村に小学校が一校あり、中学校をもつ街がいくつかあって、地域センターには高等教育機関を持つだけの規模がある。「文化構造」は「経済構造」と同じように、どんな国、スイスのような小さい国にも必要である。インドのような大国では、特に内部「構造」が緊急に必要である。インドの各地域がいわば自身のため、またその固有の権利として開発努力の対象とされるのでなければ、開発はすべて少数の場所に集中してしまい、国全体に惨澹《さんたん》たる結果をもたらすであろう。
この「地域的」、ないしは「地区」アプローチは、適切な技術の採用を基礎としないかぎり成功しない。さきに現代技術から生まれる破壊的な力について述べたが、それは今日では高度工業国でも感じられている。世界中に広くみられる「巨大都市」への動きは、工業生産はもとより輸送における現代技術の効果そのものであり、それは「成功は成功を呼ぶ」という法則に支配されている。不幸なことに、この法則の不可避の系は、「失敗は失敗を生む」であり、これが「発展途上」国における失業と大量移住という双子の悪を生んでいるのである。この有害な法則に対抗する唯一の機会は、意識的に「中間技術」を発展させることであろう。

ここでもまた、単純かつ明確な定義をすることはできない。「中間技術」は対象国に相応《ふさわ》しいものでなくてはならない。欧米で開発された技術が当然「発展途上」国に相応しいと考えるのは、とんでもない誤りである。途上国の技術の遅れが貧困の大きな原因だとしよう。そしてまた、伝統的な生産方法が、現在の崩壊状態では必要な活力をもっていないことを認めよう。だからといって、最も富んだ国々の技術が当然に貧しい人々の利益になるとはかぎらない。決して忘れてならないのは、現代技術が資本は「あり余り」、労働力は「足りない」国の産物であること、そして自動化志向で疑問の余地なく実証されているように、人の代わりに機械を使うのを主たる目的としていることである。労働力の過剰と機械の不足に悩む国の条件にこの技術がどうして適合できるだろうか。

技術の水準を「一仕事場当たりの設備コスト」を使って定義すると、典型的な「発展途上」国の地場技術は（象徴的にいえば）一ポンド技術と呼べるし、現代欧米のそれは千ポンド技術と呼べるだろう。外国援助の助けをかりて経済のなかに千ポンド技術を組みいれようという「発展途上」国の現在の試みは、不可避的に一ポンド技術をすさまじい速度でなぎ倒し、現代型の仕事場をつくるより前に伝統型の仕事場をつぶし、大量失業や大量移住という悪を伴う「二重経済」を生んでいる。二つの技術をへだてる溝は大きすぎて、一方から他方へなんとか円滑に移行するのは、望ましいけれども、できない相談である。

先進国の平均所得が高いのは、主として平均的な仕事場の資本の水準が高いことによるのはいうまでもない。ところが、開発計画の担当者は、仕事場当たりの資本の水準がそのように高いことそれ自体が高い所得水準の存在を前提にしているという事実を見逃しているようである。「一人当たりの所得」と「仕事場当たりの資本」は互いに有機的関係があって、この関係はある程度「変える」——たとえば外国援助の助けで——ことはできても、無視することはできない。先進国の労働者一人当たりの平均年間所得と仕事場当たりの平均資本は、だいたい一対一の比率である。これは大まかにいって、一つの仕事場をつくりだすのに労働者一人の一年分の労働が要る、あるいは仕事場一つもつには、一年に一ヵ月分の収入を蓄えるとして、十二年かかるということである。かりにこの比率が一対十だとすると、一人の労働者が自立するまでに、仕事場一つつくるのに彼は十年働く必要があり、また毎月の稼ぎを貯金するとしたら百二十年間それを続けなくてはならない。これはもちろん不可能なことであり――そこで結論は、国の大半が一ポンド技術の水準にへばりついている国に千ポンド技術を継ぎ木してみても、それは自然な成長はできない、ということになる。それは正の「デモンストレーション効果」をもてない。むしろ――世界中で観察されているように――そのデモンストレーション効果はまったく負なのである。国民の大多数は、千ポンド技術にはとても手が届かずにただ「お手あげ」、いっぽう異国のような小さな「島」が残り、国全体とはどうしても溶け合わず、こうした「島」のつくりだす余分の所得は大量移住によるコストにたちまち吸収されてしまう。

もちろん、どんな「発展途上」国にも、世界最先端の技術を採用して後戻りしない決意をもつ一定の経済部門や地域があるのは承知している。典型的な「発展途上」国では、これは人口の一五パーセント見当を占めているであろうし、時計を逆に回すことはできない以上、それは存在し続けるだろう。問題は残りの八五パーセントの人口がどうなるかである。「近代的な」部門や地域が成長して、人口全部を占めるようになると考えるのは、これまで述べた理由からみて現実離れしている。なすべきことは「中間技術」を使って、残り八五パーセントのための健全な生活基盤をつくりなおすことである。この「中間技術」は、生産性では伝統的技術（現在崩壊に瀕《ひん》した状態にある）よりはるかに高く、同時に他方では欧米の非常に洗練された、きわめて資本集約的な技術と比べるとずっと安くて簡単である。大まかな目安としては、この「中間技術」は平均で一仕事場当たりの設備コストが七十ポンドから百ポンドの水準であるべきだといってよいだろう。この水準ならば、欧米化された部門の外にいる、有能な労働者の年間所得とまず現実的な比率であろう。

紙幅の関係で、本来なら必要な細部の検討ができないが、以上の若干の指摘で十分であろう。今考えるべき問題は、そのような「中間技術」の開発が現実問題として可能かどうか、である。残念ながら、これは経験していないことを想像するのが多くの人にとってむりな典型例である。開発の「専門家」のなかにも、欧米式の生活様式の道具が一から十まで事前に用意されないかぎり、どんな工業生産も考えることすらできない人が数知れずいる。「すべての土台」は、彼らによると、当然に電気、鉄鋼、セメント、ほぼ完全な組織、複雑な会計（できればコンピュータ使用）であり、豊かな社会にふさわしい、輸送やその他の公共サービスという、近代的で精巧な「インフラストラクチャー」はいうまでもない。この「土台」をつくる巨大な計画が世界中で「開発計画」の核心部分をなしている。もちろん、外国援助と外国の企業の手助けで、これらはやすやすと準備され、実施される。こういう心理傾向こそが、おそらくは今日「発展途上」国で幅をきかせているいちばん破壊的な力だといわねばならない。それ自体きわめて怪しいユートピアをやみくもに追いもとめて、「専門家」たちは現実的に可能なことはすべて無視する傾きがある。さらに悪いことには、彼らは簡単な道具を採用したり、使ったりするやり方を、例外なく非難と嘲笑の的にするのである。

しかし、本当の進歩のおそらく唯一の希望は、まさにこうした簡単な道具にある。今日「先進」国とされている国々は、産業革命のはるか前にかなりの水準――今日の「発展途上」国を上回る高い水準――に達していた。電気も鉄鋼もセメントもコンピュータも、ないしは精巧な「インフラ」もなしにそれを達成したのである。戦争や疫病《えきびょう》や時折の飢饉《ききん》は別にして、今日世界中で何百万人という数知れない人々の運命となっているような貧窮の状態に、先進国の人口の相当部分が陥ったことはなかった。貧困は確かに人類の多数の運命ではあったが、貧窮、つまり失業ととめどない都市化という双子の悪と結びつき、それによって促進されている、街も田舎も含めて生活の常態としての、救いようのない全面的堕落の状態――これこそ人類史上の新しい現象であり、近代技術を無思慮に適用した直接の帰結なのである。

「中間技術」は現代の先端をゆく技術をも含めてなにも拒絶しないが、それにおんぶすることもまたない。使い勝手のよいものならばなんでも使うが、一点だけは守る。それは一仕事場当たりの平均設備のコストが百ポンドの規模を越してはならないということである。前に記した、欧米の生活様式の採用に踏みきって後戻りしない特殊部門は別にして、これが通常の生産過程のすべてにあてはまる平均値である。この基準をもとにして、能力のある工業会社なら仕事を始め、（主として）地場産の原料を使い（主として）地場向けの有用な商品をつくるための適切な道具・機具をデザインすることができる。即座に着手できる工業の種類は次のようなものであろう。

(a)　建設や建築材料をはじめとする、あらゆる消費財産業
(b)　農機具
(c)　「中間技術」産業のための設備

本当の経済開発が起こるのは、たとえていえば輪が閉じて、その結果人々がだいたい自前の道具類をつくることができるときに限る。適正技術をつかう健全な社会では、資本の不足ゆえに失業は克服できないという議論は決してあてはまらない。なぜなら、活用されていない労働力を資本財に転換する可能性がいつでもあるからである。

ここに提案した土台に立った若干の生産過程のデザインの検討は、適当なコスト・価格計算をおこなったうえ、すでにインドでおこなわれている。結果は、実際びっくりするほどである。「中間技術」による製品は欧米の技術による製品と互角で競争できることがわかった。最高の設備が環境と無関係に最高だという現代の偏見は――予想どおり――とんでもない誤りであると知れたのである。なにが最善かを決めるのは環境であって、環境に本当に合った技術を適用するのが「発展途上」国の主な課題である。主として労働の節約を狙って開発さ

れた技術が、膨大な余剰労働に苦しむ国に合わないのは、驚くべきことなどとはいえまい。

ここで一般的な注意を一つ記したい。広く信じられているところでは、純粋科学と応用科学での欧米の業績は、それによって開発された装置や機械に化体《かたい》されていて、後者を拒否することは科学を拒否することと同じだとされている。この考えはまったく上《うわ》っ面《つら》しか見ていない。真の業績とは、原理についての蓄積された知識のなかにあるのである。この原理の応用にはそれこそ多様なやり方があって、欧米の産業による今のやり方はその一つにすぎない。「中間技術」の発展は、したがって、時代遅れのもの、単なる「次善」のものに戻ることを意味しない。それどころか、それは新たな領域への確実な前進を意味している。現代科学をどう応用するかについて、いずれなにか根本的な再検討が必要だという点は、今日欧米においてすら認識されている。簡単に見つけられる「痛点」が数多くあり、ここでは既定の方向で技術をさらに発展させれば、間違いなく「負」の結果が出てくる——都市の自動車交通は特に目立つ一例にすぎない。これよりやや目につかない例は、いろいろの反論もあるが、世界のエネルギー需要が今後二十年かそこらの間に急速に、しかも加速度的に増えるところから生じる、危機的な情勢である。将来への戦略として現在の欧米技術の全面的な採用に踏みきっている「発展途上」国は、長期のエネルギー需要を検討して、その需要が満たされるかどうかを考えてみるとよい。

開発「専門家」の大多数が考えている工業化とは、いずれにせよ長く暗いトンネルに似ている。彼らは、どんなに時間がかかろうとも、最後にはすばらしい光が見つかると信じこんでいる。しかし、もしエネルギーの供給に制約があると、真暗闇のトンネルのなかで立往生してしまうだろう。

それはともかく、「中間技術」の必要は、「発展途上」国の大量失業と大量移住という双子の悪と戦う手立てがこれ以外にないという、確固とした根拠に立っている。それはまたこれらの国々が真の経済的独立を達成し、二重経済によって崩されつつある類の社会的なまとまりを取り戻すただ一つの道である。「中間技術」の開発が格別むずかしい課題だと考えてはいけない。技術に関していえば、すでにあり余るほどの使える材料がある。ただ、それは広く散らばっているので集めなくてはならない。インドではカーディ委員会をはじめ多くの機関が、やや徹底を欠いているようではあるが、この問題と取り組んでいる。いちばん欠けているのは、おそらく地道な事業感覚であった。これは不思議ではない。なぜなら、大多数の場合に、保護の手をさしのべないとまったくどん底におちこむ、救いのない人々の活動をまもり元気づけるのが緊急の必要事だからである。保護の精神は活発な事業経営にはなかなかなじまない。

ところが、「中間技術」はこの意味では保護策ではない。本質的な生存能力のない活動をただ続けさせることには関心をもたない。関心の対象は新しい生存能力をつくりだすことである。この「中間技術」を伝統技術を改善することによって達成するのか、欧米の技術を単純化することによって達成するのか、という問いが発せられてきた。それはケースによりけりで、場合によっては二つのアプローチの両方とも実現可能であろう。だが、新しいアプローチのほうが期待がもてそうである。つまり、基本的な原理に関する健全な知識から生まれ、事業として構想されたデザインである。このアプローチに必要な種類の才能の持ち主は多くの国々にあり、そうした人々を雇うカネは、巨大計画に現在注ぎこまれているカネ、かりに成功したとしても、大量失業と都市への大量移住によって生じている貧窮を実質的に緩和させることはできないカネ、のほんの小部分にすぎないだろう。

最後に、原材料の供給について一言しておこう。「中間技術」が洗練された技術と比べて原材料の質にうるさくないのはいうまでもない。前記のように、中間技術は主として地場の原料にたよらねばならず、これは工業化時代以前の世代がみな頼らねばならなかったのと同じものである。過去二、三世代の間に地場の原料に関する伝統的知識がいかに多く失われたかは、注目すべき事実である。人々は再び「緑の肥やし」などの有機的方法で農業の生産性をあげることができること、また化学肥料が本当の解決策にはならないことを学ぶ必要がある。記憶すべきは、先祖たちがどうやって近代的なセメントなしで長く風雪に耐える家を建てたのか、食糧や原料の供給のためだけでなく、土地と気候の改善のためにも、樹木にいかに頼っていたかということである。近代知識のおかげで、人々は今や先祖たちよりこれらの点で前進できるに違いない。この文脈において、樹木を植えることこそ強調の対象として取りあげる値打ちがある。なぜなら、樹木の世話を怠ったことが貧窮と孤立無援の最大原因である例が世界中に無数にあり、他方では人間が樹木に依存しているという実感を取りもどすことが正しい方向へのもっとも実り多い動きであるからである。樹を植え育てるのに高度な技術や外国援助は必要ない。満足な身体さえあれば、それに貢献できるし、そこから利益を受けることができる。樹木から広範囲の有用な原料を得ることができ――ある種の樹木は熱帯や亜熱帯の気候で非常に早く成長する――しかも、こうした原料は「中間技術」による活用に特に向いている。それでも、「発展途上」国のなかで、樹木が不注意な等閑視の悪影響を受けていないところは少ない（目立った例を一つだけあげると、インドの第三次五ヵ年計画の中間報告によれば、計画のなかでいちばん遅れているのはほかならぬ森林に関して計画された活動である）。大多数の場所で、建築材料が足りないといわれているが、その根拠はない。近代のセメントなしで、長年どれだけ多くの建築がおこなわれてきたか、計画専門家は学ぶべきである。

「中間技術」の概念は、二年前に定式化されて以来多くの「発展途上」国で強い関心を呼んできた。ハイデラバードのSET研究所はきわめて重要な成果をあげており、またインドの計画委員会はこの研究所で一九六四年に「中間技術」に関するセミナーを開いた。提出されたある論文の筆者は、インドの経済学界の重鎮《じゅうちん》である、D・R・ガドギル教授で、その一節は私の文章を締めくくるのに相応しい。

経済の二重性を防ぎ、国のあらゆる地域で歩調と統一のとれた経済発展をもたらす広範な産業発展に着手するのが望ましい、いや緊急事だということをすべてのことが指し示している（と彼はいう）……科学者と技術者は、「中間技術」の採用から期待できるものがなにかをよく認識しなくてはならない。その努力目標は、与えられた目的に役立ちうる技術を選びだし、開発をすすめることである……「中間技術」を開発し採用する過程とは、一国の工業化の中心的関心事であるべき動的な過程である。それはその国の特に有能な科学者・技術者の目を力強く引きつけるべきだし、それに関連した計画は産業発展のすべての面や分野の、統合された計画によっておこなわれなくてはならない。

外国からの援助は、この至上の必要事が認識され、欧米の知的資源がそれに役立つようになったときにはじめて、破壊的なものではなく、実り豊かなものとなるだろう。結びとしていえば、イギリスは正しい援助を与えるうえで好位置にいるといってよかろう。たとえばイギリスの「農村工業局」は、四十年ほど前に設立されて、イギリス経済ではささやかな役割しか演じていないけれども、「発展途上」国にとってははかりしれない価値のある、蓄積された経験（と文献）との宝庫である。このような機関が他の多くの国にある。今必要なことは、共同のデザインづくりである。

3　人は飢える必要はない

世界の食糧問題が再びトップ記事になっているが、それは当然である。世界人口が昨年また七千万人増え、他方、食糧生産は増えていない。記事の見出しは「世界の飢餓ギャップ――衝撃の報告」となっていて、「一九六六年の食糧・農業の状況」と題するこの報告書は、国連の食糧農業機構から出ている。中心をなすメッセージは、世界の一人当たりの食糧は昨年二パーセント減っているという点である。だが、これが問題の核心ではない。発展途上国の食糧生産は一人当たり四ないし五パーセント減っており、彼らこそが真に不足を感じているのである。北アメリカの生産が約四パーセント、西ヨーロッパのそれが一パーセント増えているが、これは統計上の話だけで状況の改善にはさして役立たなかった。

事態の深部に目をこらすと、世界の食糧情勢に起こった劇的な変化が見えてくる。北アメリカの小麦の余剰が減っているのである。発展途上国へのアメリカ小麦の大量の輸出は、当期の生産からではなく、一九五〇年代はじめから蓄積されてきた在庫によっておこなわれた。この在庫は十四年来の最低水準に落ちている。これが千五百万トンで、国内の不作への備えとしても不十分といわれている。「タイム」誌は一九六六年八月十二日号で「植物油からペンキまでの原料となり、世界でいちばん安い蛋白《たんぱく》源である、くすんだ黄色の種の大豆の供給は、四ヵ月分の消費にしか当たらない」と報じている。五年前には、政府の倉庫はバターとチーズではち切れそうだった。今は空である。ワシントン政府は世界五十二ヵ国の五千万人の児童の無料の学校給食計画を実行するために、市場から粉ミルクを買わざるをえなかった。

一九六六年八月に、アメリカの国務省は在外公館に対して援助による小麦の積み出しは二五パーセント削減されると告げ、農務省のオーヴィル・フリーマン長官は「飢えに苦しむ国々は自給を学ばないかぎり、二十年以内に世界的な飢饉が生じるだろう」と断言した。彼はつけ加えて「歴史上戦争で失われたよりも多くの人々の命が危険に瀕《ひん》している」ともいった。とはいえ、世界全体を対象とすることによって彼は事の重大性をむしろ軽く見ているようである。食糧の供給は「平均化」されていないし、またされえない。発展途上国の飢饉の危険は「二十年以内」よりずっと近い。それは現在すでにあるのである。北アメリカ、アルゼンチン、オーストラリア、またはソ連邦ではもちろん、ルーマニアやビルマのような小国の多くでさえも飢饉は起こらないであろう。いや、問題はそれよりはるかに局地に集中しているので、世界平均が示すものよりずっと急を要する。

もちろん、世界の食糧問題は世界の人口問題と深く関連している。だが、ここでも総量の増加が真の問題なのではない。人口の増大がマイナスでないばかりか、プラスですらある国も、大小たくさんある。真の問題は、昨年の人口増加七千万人のうち約五千万人がこれに対処できない、特定の発展途上国で起こっていることである。人間も食糧も「平均化」はされていないのである。

「食糧は平均化できない」という命題を検討しよう。インドで何百万人もの人が飢えているとき、アメリカやヨーロッパで食糧生産を制限するのは非常識だといわれる。よろしい。それが非常識だというなら、どうしたらもっと賢い世界にできるのだろうか。インドのために北アメリカの平原の食糧生産を増加させる方法でか。これは簡単至極《しごく》にみえるが、インドはどのようにしてその代金を払うのか。払えないとなると、食糧は援助とならざるをえない。そのとき、北アメリカの農民はどうしたら生きてゆけるのか。農民に代わり、アメリカ政府によってアメリカの納税者が負担することになる。これが長期的に実行可能な方法であろうか。私にはそう思えない。短期の緊急時ならば、なんでも可能だし、どんなやり方でもできる。しかし、恒久的な生活様式としては、世界の一部の人口が他の部分の人口によってただで養ってもらうというのは、私の意見では人間性のいちばん基礎的な条理に反することに思われる。自分の土地から直接にか、貿易を通して間接に、食糧は自分でとってくるのが人間の第一の任務であり、義務である。

援助は開発を促す場合にだけ意味があり、基本的に維持できない状態を保つだけならば無意味である。そのような仕方からなにが生まれるだろうか。世界大の計画の問題として、インド人であれエジプト人であれその他だれであれ、その生活を外国の国民の労働と努力に恒久的に依存するなどと考えられようか。人は直接的か間接的に自己の食を他人に頼るなら、自由ではありえず、自尊心の一かけらももてない。私はこれが人間性の不変の理であり、恒久的な姿としての食糧援助という考えは念頭から捨てることが肝要である。

以上のような考えを頭において世界の食糧統計を眺めると、興味深い。最も重要な食糧は小麦である。大量輸送が容易だからである。第二次大戦前、大陸間の小麦貿易は年間約二千四百万トンであり、そのすべてが支払うカネのあるヨーロッパ向けであった。一九六四—六五年になると、大陸間の小麦貿易は六千万トンと大幅な増加となった。ヨーロッパは以前と同じく約二千四百万トンを輸入した。新規の買い手はソ連邦と中国で、これとほぼ同額を輸入し、その代金を払うことができた。だが、二千万トンを超える額はアジアとアフリカへ援助として供給された。今やこの援助食糧は次々と減り、たぶん消滅するであろう。それは在庫から吐き出され、在庫を現金引き替えではないにしても、援助として出すのはいい商売と思われた。在庫が底をつけば、食糧援助は消え、貿易だけが残る。これが発展途上国の直面すべき新たな情勢である。

大陸の間での農業と工業の分業は、一部は疑いなく続くだろうし、自国の収穫では不足する豊かな国は、工業製品を海外に輸出して海外の農民が自分たちのために食糧を生産する状態を続けるだろう。ところが、発展途上国と呼ばれる貧しい国は工業製品を輸出して相当量の食糧を入手できるだろうか。発展途上国にとって国内消費のために食糧を生産するほうが食糧輸入の支払いのために輸出向け工業製品をつくるより常にはるかに容易だと私は見ている。例外はあるだろうが——それはいつでもある——、一般的命題としてこれは明白な真理である。今後長期間にわたり、発展途上国がたとえばアメリカへの工業製品の大輸出国になって北アメリカからの大量の食糧輸入の支払いが可能になったり、あるいはヨーロッパに向けてそうした輸出をおこない、ヨーロッパはアメリカに輸出をおこない、アメリカの食糧が発展途上国に流れてくるような仕組み、そういう仕組みを考えるのは空想であろう。手短にいえば、飢えた国は自給を学ぶべきだという、オーヴィル・フリーマン氏の言葉は疑いなく正しいのである。そうしないと、世界の飢饉は起きなくても、彼らは飢えるだろう。そして、飢えは二十年以内にくるのではなく、ほとんどいますぐにくるといってよい、むろん、それは長いこと貿易によって食糧を得ていた国々——主として西ヨーロッパと日本——に面白くない影響をあたえるかもしれない。「交易条件」が不利になり、食糧輸入にこれまでより多くの工業製品を当てなくてはならなくなる。だが、これらの国々が飢えに陥るのを恐れる理由はない。十分な支払い能力があるからである。そのうえ、食糧自給ができるくらい農業生産をさらに改善する可能性が彼らにはある。

ここに述べた議論の大筋を認めていただけるならば、肝腎要《かんじんかなめ》の問題に移ることができる。それは飢えた国が食糧を自給できるか、という問題である。できるのだろうか。土地は十分あるだろうか。生産性を向上させられるだろうか。ここで重要な問題に直面する。「生産性」

というとき、その意味はなになのか、である。私は読者が経験豊かな方々であることを承知しており、したがって私の持ち出す論点が単純すぎるようだったらご勘弁ねがいたい。いちばん混乱しているのは、往々《おうおう》にしていちばん単純なことである。世界の食糧問題や発展途上国の飢えの文脈で生産性を語る際、われわれは主としてエーカー当たり生産性を論じ、一人当たり生産性を無視する。この二つの区別を念頭に置かないと、すべてがごちゃごちゃになってしまうだろう。一定量の土地を有する一定数の住民は、エーカー当たりの生産が自給に十分であれば、たっぷり食べてゆける。人口の四分の一、半分、あるいは九〇パーセントが現実に土地で働いているかいないかとは無関係にである。エーカー当たりの生産が不十分であれば、一人当たり生産性が非常に高いために住民のわずか一〇パーセントだけが土地で働けば足りるとしても、飢えは起こる。

　そこで、どの国がエーカー当たり生産で最高の生産性をあげているかを検討してみよう。総合的な土地生産性を測定するのは難しい仕事で、利用できる最高の統計は、おそらく国連食糧農業機構のものであろう。一九五六―六〇年の期間で、農地と分類された土地一エーカー当たりの生産性がもっとも高かった十二ヵ国のうち、六ヵ国はヨーロッパ――オランダ、ベルギー、デンマーク、西ドイツ、ノルウェーとイタリア――、三ヵ国は極東――台湾、日本、韓国――、二ヵ国は東南アジア――マレーシアとセイロン――、そして近東に一国、エジプト、がある。この種の統計をそのまま信じてはならないが、指標としては価値がある。興味深いのは、イギリスのエーカー当たり生産性がドイツのわずか半分、ベルギーの三分の一、エジプトの四分の一であること、そしてアメリカのそれがイギリスのほぼ半分にすぎないことである。

さて、物差しの反対側、エーカー当たりの総合生産性が最低の十二ヵ国を眺めてみよう。かつて白色自治領といわれた二ヵ国——オーストラリアと南アフリカ——があり、ラテン・アメリカの六ヵ国——ベネズエラ、メキシコ、アルゼンチン、ウルグアイ、ブラジルとホンジュラス——、アフリカの四ヵ国——チュニジア、アルジェリア、モロッコとエチオピア——がある。生産性の「最高」と「最低」の間の格差は一対四〇である。

農業に従事する一人当たり生産性となると、国の順位は当然まったく変わってくる。エーカー当たり生産性は最低の部類のオーストラリアが、一人当たり生産性ではトップに立ち、エーカー当たり生産性のきわめて高い韓国が一人当たり生産性では最低の部類にはいっている。二つの順位の間には正の相関関係も負のそれもない。というのは、一人当たり生産性は一国の全般的な富と相関するものであり、いっぽうエーカー当たり生産性は（程度は大きくないが）一国の人口密度と相関関係にあるからである。

以上のことはすべて、生産性の二つの尺度——エーカー当たりと一人当たり——を区別するのが重要なことを明らかにしている。両者の間に正の相関関係がまったくないために、その区別を忘れるとどんな混乱が生じるか、想像できよう。

少なくとも一つの事実が目につく。貧しい国ではエーカー当たりの高い生産は労働の密度を上げることによってしか得られない、ということである。韓国や台湾がその例である。このことは不思議ではない。というのは、ものを成長させるには土地になにかを加えなくてはならず、また国が貧しければ土地に投下できる資本は少なく、労働力しかないのである。労働集約的な耕作を採用しないと、エーカー当たりの高い産出額はとても望めない。

飢えの問題を論じるならば、上述のように、エーカー当たりの生産性ないしは産出額を主に論じなければならない。農村の貧しさを論じるのであれば、一人当たりの生産性ないしは産出額を論じなくてはならないであろう。飢えと貧しさとは、街では相伴うことが多いが、農民の場合は容易に分離できる。発展途上国の農民や小規模耕作者の多くは、絶望的に貧しいけれども、必ずしも飢えてはいない。エーカー当たりの生産性を犠牲にして一人当たりの生産性を引きあげるのは極めて簡単である。これで貧しさは緩和できようが、飢えの問題を解消するうえではまったく役に立たない。また、労働生産性を犠牲にしてエーカー当たりの産出額を上げるのもごく簡単である。これは飢えた人々に食をあたえる役には立つが、耕作者の貧しさを和らげるうえでは無益である。最善のことは、もちろん、二つの生産性を向上させることであるが、いずれか一つを選ばねばならない場合には、飢えの問題はエーカー当たりの生産性の増加があってはじめて緩和されるものであって、一人当たりの生産性の向上にはほとんど影響を受けないということを忘れてはならない。

そこで、中心的な問題に移ろう。どうしたら飢えた国は食糧の自給を学べるのだろうか。それこそ学習の問題なのである。農業改良に役立つ諸要因のなかで、もっとも重要なものは方法――よき管理の方法――である。よい種、よい品種、道路など施設という形でのよい「インフラ」や、資本投入の増加だけを語るのは、私の考えでは決定的に重要な要因を見逃すものである。さらに進んで、「飢えの溝」を埋めるのは高度の機械化、化学肥料、殺虫剤などを利用する工業型の農業経営だというのは、恐ろしいほど誤っている。

発展途上国の飢えの問題に解決法があるとすれば、それはよき管理の原則のなかにしか求められない。恐ろしい飢えが起こるのは、人々が手の届かないものを追い求めるなかで、手の届くことをおろそかにするからである。過少雇用ないし失業中の、過剰な農業人口をもつ国が、土地が多く人口は少ない国や農業労働力の不足する高度工業国に向く農法に惹《ひ》かれてゆく。資本の絶対的に不足する国が農業を機械化し人間に代えるに資本をもってし、失業を増やしエーカー当たり産出額を落とす。一般論としては、各種の高度な機械化と土地に施される化学物質の多くは、労働節約の方法であり、そういうものとして大量の失業問題をかかえる貧しい国には不向きである。むろん例外はあるが、それはかえって法則を立証するだけである。一部の土地は、それを鋤《す》き返すとすれば、手早くしなくてはならず、それは機械的な方法でしかできない。土地によっては化学的欠陥がひどく、これを直さないかぎりまともな作物を育てられない。しかし、これらの例外があるからといって、農業における高度の機械化や化学物質の使用はまずもって労働節約型の方法であって、労働力が手にはいらないという前提がある場合にかぎって産出額を増やすことができるという事実を忘れてはならない。

以上の説明はあまりにも反論の余地があるとして、多くの読者にすんなりと受け入れられないと私は十分予想している。化学肥料は土地にとって刺激剤であるから、目にみえる短期的効果を発揮することが多いし、またそれは麻薬にも似ているので、その使用を止めると収穫は急落するかもしれない。しかし、このことはなんの証明にもならない。比較をするなら、麻薬を使っていない土地で、長期間おこなわなくてはならない。その比較ができたら、結果は明瞭だろう。どの場合でも、行き届いた管理と農場の廃棄物を最大限に使うなどした丹念な農作業で、化学物質の助けを借りた作物よりよいとはいわないまでも、同等のよい結果が得られる。そして、現代風の農薬、除草剤などについても同じことがいえる。こうしたものは、一部の例外は別にして、みんな労働節約型の方法なのである。

労働が不足するならば、ぜひ労働節約型の方法をとろう。ところが、労働がたっぷりあり、工業製品が不足する場合なら、前者に代えるに後者をもってするのは悪しき経済学であり、そうするのは大事なこと——正直なよき管理——から目をそらすことを意味する。

ここで問題にしているのは発展途上国、貧困に縛られている、世界人口の約三分の二を占める国々である。世界の人造肥料生産の総額は一九六一—六三年に約三千五百万トンに達しており、そのうち発展途上国で生産されているのは百八十万トン、五パーセントにすぎない。食糧農業機構は、この国々は、一九七〇年までに千九百万トン、また今から十三年ぐらい先の一九八〇年までには三千五百万トン使うものと計算している。私はそんな目標はまったく達成不可能だと思う。だが、かりにそれが達成されたとして、何百万、何千万人もの耕作者に土地をどうしようもないほど汚染させないようなやり方で化学肥料の使い方を教えられるだろうか。そして、教えられたとしても、それと同じか、もっと容易に、化学肥料を使わずに収穫を十分にあげるすばらしい方法を教えられるのではないか。経験によれば、エーカー当たりすばらしく立派な収穫をあげる秀《すぐ》れた農法が、高価な工業製品に頼らずとも可能であり、世界中の篤農家で現に実行されている。方法がよければ収穫は多く、方法がまずく、だらしなく、その結果むだが多ければ、人造肥料とても好成績をあげない。概して文字の読めない人々に肥料や殺虫剤などの危険な材料をうまく使うことを教えこむという、ユートピア的な夢に今耽《ふけ》っているが、それぐらいの注意を発展途上国における農業経理のような簡単なことに向ける時期がきてほしいものだと思う。

　ともあれ、一つのことははっきりしている。飢えた国はこうしたものを十分手にいれることができない、ということである。それを買うカネがないし、ただで入手させる援助もない。豊かであることを前提にしてなにができるかを説教しても始まらない。この種の考え方のよい例が、先に引用した「タイム」誌の同じ号にある。再び引用すると、外国の飢えに対する短期の解決法がアメリカの食糧援助だとすると、長期的な答えは、技術と資本の輸出、それと並んで技術が賢明に適用されるのを監視する人材、でなくてはならない。アメリカ以外の国々は、アメリカの農場の機械化と効率に追いつく必要がある。世界のトラクターの半分が北アメリカにある。カリフォルニアの米作農家は種をまき、肥料を施こし、消毒をするのにすべて飛行機を用いている。現在農家一軒で三十七人を養っている。

この助言がだれに向けられているのか、疑いたくなる。エーカー当たりの米の収量がアメリカをかなり上回る、日本やイタリアやエジプトやスペインに向けられたものか。それとも、米作農家の所得があまりにも低くて飛行機などは夢のまた夢、自転車さえ買えないインドやパキスタンなどの国だろうか。ともあれ、引用を続けよう。

調査は大事であるが、飢えを征服するには後進国が社会、政治、経済の組織を高めることも必要である。アメリカの例が示しているように、それには莫大な資本がいる——工業労働者一人一九、六〇〇ドルに対して農業労働者には三〇、五〇〇ドル（中略）アメリカは飴《あめ》と鞭《むち》をつかって、今低開発国にアメリカの技術を借りてアメリカと同じ豊かな報酬を手にする――たぶん最後の――機会を与えているのである。

このような馬鹿げた発言を引用するのは少し不公平だと思われるかもしれない。不幸なことに、これはお偉方《えらがた》をも含め、多くの人が考え、喋《しゃべ》り、実行していることから外れているわけではないのである。考えてみてほしい。インドやナイジェリアの農業労働者一人当たり三万ドル――これで三十七人に食を与え、この三十七人はそこで一人当たり二万ドルかかる仕事場を見付けられる街に移住するに違いないのである。これが彼らの「最後の」機会だというのである。インドだけでそうした仕事場が二億も要り、一ヵ所に平均二万五千ドルかかるとすると、五兆ドルという馬鹿馬鹿しい金額――だいたいインドが現在アメリカから受けている年間援助のほぼ一万倍の費用がかかるのである。マリー・アントワネットはある機会に「この人たちはなぜパンがほしいと大声をあげるのか。なんでケーキを食べないのか」と質問して、かんばしくない評判をえた。右の現代型説教者と比べると、彼女はずっとまともな女性の部類にいれていい。

確かに貧しい人々を助けなければならないが、助けはその貧しさが課する厳しい枠を越えることはできない。貧しい人々にはもちろん技術援助が必要であるが、それはその具体的条件に合った水準のものでなければならない。発展途上国、とりわけ東南アジアにおける途上国の飢えと貧窮の根本原因は、彼らの遅れにではなく、彼らが陥った衰えの状態にある。歴史家ではないので、私は歴史的な原因をあえて分析しようとは思わない。今日、衰えはだれもが目にしている。われわれは人々が以前は上手にやれたことを上手にできなくなったときに、衰えたという。衰えは人々を誘ってまったく新しいことをさせたからといっても止まらないし、彼らはそれをもっと下手にやるかもしれない。よいものを拒否するというわけではなく、もっとも現代的、もっとも高度に工業化されたもの、もっとも洗練された農法でも、発展途上国に適用できる場合はあるかもしれない（その方法がそれ自体真に健全なものであるとして）。ただ、無視してはならない時間の尺度がある。今後三十年を考えるとき、この時期は権威ある予測によれば世界中の飢えを避けようとすると、世界の食糧生産を三倍にしなければならないのだが、前記の超モダンな方法が発展途上国ではごく一部でおこなわれるだけであること、また依然として「飢え」の問題は伝統的な農法で土地を働かす、何億人もの零細な農民が左右するだろうことは疑いない。「彼ら」の衰えをなんとか克服すべきなのである。彼らの農法をなんらかのやり方で改良、合理化しなくてはならない。その労働力を、農業においても他の事業においても、もっとよく、もっと効果的に活用するチャンスを彼らに与えるべきである。飢えた国の飢えと戦う唯一の道は、一種の農業ルネッサンス、教育と経済開発とが手を組んですすむ本当の成長過程に農村の全員を巻きこむことである。

ここである種の世界政府ができて、それが約二百五十億ドルの援助資金、つまり現在おこなわれている援助額のおそらく三倍を持っていると仮定しよう。一仕事場当たり二万五千ドルとして、この援助額で、農業であれ工業であれ、一年に百万の新規の仕事場を買うことができる。ところが、一仕事場当たり二百五十ドルだとすると、一億の仕事場を新たにつくったり改善したりすることができ、こうしてはじめてまともな話ができる。なぜならば、これこそが相応しい数字だからである。一億であって、百万ではない。世界の飢えの問題を論じるとき、何億人もの農民に影響を与えうることを主題にしなくてはならない。さもなければ、時間の無駄である。

したがって、一仕事場当たりの資本投下額を引きあげて現代技術の水準にまでもってゆくとなると、考えうる最大の援助計画でさえ、あらゆる努力の成否を決める土地の管理者である、農民大衆を本当に動かすことはできないだろう。そこで、真の問題は次のようになる。たとえば一仕事場当たり二百五十ドルの資本を投下して、どうしたらそれを改善したり、新規につくりだすことができるかである。

豊かな国の二万五千ドル技術は、すでに豊かな人にとってはいつでも手が届く。世界の貧しい農民には手が届かず、まったく役に立たない。二百五十ドルなら彼らになにか意味――援助という文脈で――があろうし、十分な人数の手に届くだろう。私が中間技術と命名したこの技術は、これらの国の、消えつつある技術と比べてずっと生産的であり、活力があるだろう。そのうえ、それには正しい教育的な効果があると思う。それが肝腎である。なぜなら、教育と経済開発が手を組んで進まないかぎり、真の発展はありえないからである。

適正な中間技術は世界のどこにも、最高度に発展した国々にもすでに存在しているのだが、埋もれていてしかも散らばってあるので、それを必要とする人の目にとまらない。援助というものは、全体としてこの技術を避けて通り、貧しい人々には——「タイム」誌がいったように飴と鞭を使って——金持ち用の道具が提供されるが、これは彼らにとってなんの足しにもならず、すでに豊かな人々——貧しい国々にもいる——がますます富むことを意味する。もちろん、役人は派手な技術が好きで、それは写真うつりがよく、自慢の種になり、何百万人の人々をどうしたら積極的に参加させるかという厄介《やっかい》な問題を提起しない。しかし、こうしたものを選んだ代価は高くつく。本当の発展が起こらず、世界の飢えが襲う可能性がでてくるのである。

次のことを考えてほしい。今年一九六六年に国連の食糧農業機構が明らかにしたところでは、発展途上国の一人当たり食糧は一九三〇年代を下回り、食糧生産は人口増加に辛うじて追いついたにすぎない。ところが、この過程で、貧窮者の数は激増し、一方少数の金持ちはさらに富んだのである。これを発展といえるだろうか。これが援助の成果なのだろうか。発展途上国の人間の資質が欠点だらけなので、この程度のわずかな成果すら援助なしでは挙げられなかったなどと考えられるだろうか。援助の供与が大部分無駄だなどということがありうるだろうか。私にはわからない。援助努力の大半が誤った考えに立っているのは疑いない。金持ちには貧しい人々の実状が理解しにくいことを考えると、これは驚くにはあたらない。

い。善意と心からの気遣いは十分あるのだから、これは悲しむべきことである。

ともあれ、かりに心理にかかわる問題を解決できないとしても、技術が貧しい人々に役立つには、貧困の実状に合ったものでなくてはならないという主張をもって、世界の飢えと経済開発についての論議に新しい考え方を注入することはできる。それこそが中間技術でなくてはならない。

この考えを発展させ――しかもその実現に役立てようとして――私設の非営利団体が「中間技術開発グループ」という名称で、ロンドンWC二・コヴェントガーデン・キングストリート九番地に最近設立された。このグループの主目的の一つは、工業界、建設業界、そしてもちろん援助団体すべてと緊密な連絡をもつことである。工業界からの反応は上々で、また発展途上国からの期待はすさまじい。グループはすべての事業において「基本的な」アプローチをとっている。そのスローガンは「進歩のための道具」と「自立のための教育」である。さて、農業における基本的なアプローチとはどんなものであろうか。

多くの発展途上国で、もっとも基本的な農業問題は水である。援助の分野では、水問題は何百万ポンドもの費用がかかる、大規模ダムや灌漑《かんがい》プロジェクト中心に考えられている。だが、水をいちばん必要としているのは、水が雨として降るところ、つまり農家の軒先である。もし農民が水を手にいれるために何マイルも歩かなくてはならないとすると、貧窮の状態を一向に抜けだせない。真の課題は水が流れ落ちている場所で、水を冷たく、汚れず、漏れもなく、炎天下で蒸発しないように設計された、集雨タンクに水を取り込むことである。マイケル・アイオナイズ氏は、スーダンでおこなわれている古い貯水技術を現代の知識と材料に巧みに結びつけて適切な技術を編みだした。その成果は、購買力はなくても地場の労働力はたっぷりある貧しい村民の条件にぴったりのやり方であった。どの村も今では主に自分たちの労働力を使ってきれいな水を供給できるに違いない。

こうして適切な方法が開発されても、何億人もの貧しい人々、窮乏している人々がそれを利用できるようにするには、私の考えではあと二つ手を打たねばならない。その方法は素朴な村人が理解できる形で、しかもランド・ローヴァーに簡単に搭載できるほどの容量にした所要の材料と必要な指示書からなる、いわばドゥー・イット・ユアセルフの道具一式にまとめなくてはならない。次に、貧しい国々では、現存の小学校を使って、全国的に大々的な教育努力をおこなうべきである。これこそ「基礎教育」であろう。つまり、学ぶ者に自分の国の実状に暮らしをうまく適応させるように考案された教育である。世界の飢えと世界の開発という問題に本当に役立つのは、こうした二つの手――農法そのものの開発の範囲を超えた――が打たれた場合にかぎる。

もう一つの、ごく単純でじみな例を挙げよう。地味《ちみ》の瘦《や》せた地方の多くで、主たる生業は牧畜である。生産性――エーカー当たりでも一人当たりでも――は牧草の管理によって大幅に上げることができるが、それには通常長い柵づくりが要る。アフリカでの柵づくりは費用がどのくらいかかるのか。キャビネットを開けると、そこには先進国の事例がいっぱい詰まっており、答えは「一マイル百ポンド」と出た。このコストでは、長い柵づくりは貧しい村人のまかなえる範囲をとび越えているのは明らかである。この問題解決には第二のマイケル・アイオナイズの出現が待たれる。私は、中間技術開発グループにこれを解決してほしいと思っている。必要なのは、地場の労働力は最大限、外から入れる材料は最小限の、真に低コストの柵づくりの方法であり、その方法の、ランド・ローヴァーに搭載できるDIY道具一式への小型化である。それから、その方法が必要な人にそのことを知らせ、ノウハウを身につける機会をあたえるべきである。

これ以外に例はたくさんある。高い優先順位を与えるべき例は収穫物の貯蔵の問題である。適当な貯蔵施設がないために貧しい国では非常に大きな損失――収穫の三〇から四〇パーセントに達することも多い――をこうむっているのが、広く知られた事実である。だが、私は安全に貯蔵する知識と経験が不足しているとは思えない。今ある知識がそれをもっとも必要とする人々に届いていないだけである。それはDIYの道具一式に「圧縮」されておらず――いささか象徴的な表現を許していただけるなら――小学校のカリキュラムにはいっていないのである。この同じ基礎的なアプローチを、建築、架橋、運送、農村地区での加工や生産といった、あらゆる形態の仕事に適用すべきであり、その際外から原材料をもちこむ必要を最小限に抑え、それによって貧しい農民がその最大の資産、つまり労働力を、現在より高い水準の生産性の下で活用できるようにするべきである。

私は世界の飢えの問題はこのやり方で解決できるし、またこのやり方でしか解決できないと信じている。繰り返しを恐れずにいえば、貧しい農民が飢えた国々の土地の管理者であること、飢えを避けるとすれば必要な生産性の倍増、三倍増をやるかやらないかは貧しい農民自身であること、を強調したい。食糧は農村で作られるのであって、街でではない。農村地区から出荷される食糧の余剰は、増殖してやまない都市を養うために要るのである。今日の人類の最大の経済問題とは、農村地区で効率がよく満足のゆく生活様式を確立すること、失業を克服し農村の衰えにストップをかけ、すでに過剰人口に陥って急速に手におえなくなりつつある大都市に農村から窮迫した人々がとめどなく流れ出てゆくのを抑える、農工構造をつくりあげることである。

世界の食糧問題は一義的には科学の問題ではない。それは大衆動員、大衆教育の問題であり、その目標は何億人もの農民が適正技術を使う「次のステップ」である。いうまでもなく、多くの国でそれは政治の問題でもあるが、政治面のことはここでの範囲を超える。

上記の記述から工場型農業は飢えた国々の飢えを防止する問題には役に立たないことが十分に明らかになったであろう。工場型農業でなにが起こっているかといえば、それは一次的な生産ではなく、二次的な生産、つまり石炭を石油に変えるような、転換過程である。だれしも炭鉱夫の厳しい生活を描いた映画を観て「もう石炭を燃やすのはやめて、すぐに電気に切り換えよう」と叫んだおばあさんの誤りを犯すようなことは決してないだろう。電気を起こすために石炭を燃やすと、石炭のカロリーの七〇パーセントほどが失われる。飼料が鳥肉とか牛肉に転換される際、飼料のふくむカロリーの約八〇ないし八五パーセントが失われる。したがって、転換は飢えた人々を養ううえではなんにもならない。

また、工場型農業のレゾン・デートルが人間労働の節約にあることも見やすい。これがうまくゆくかどうかも怪しい。私には断言する資格はない。はっきりしているのは、労働節約への指向は労働力が余り、資本が足らないので困っている飢えた国々には、通常存在しないということである。

最後に、発展途上国における工場型農業に関して論じるべき点がある。これらの国でいちばん問題になるのは、おそらく、疎外の問題であろう。それはあまりにもの珍しく理解もできず、伝統からはずれている物事が多いので一般人は当惑し尻込みするいっぽう、教育のある人々は彼らと接触がない、という状況である。そして、動物さえも自然な生態から引き離し、人間に宗教のいちばん単純な教えと抵触するようなやり方で動物を扱うよう仕向ける農業を考えだすことほど恐ろしい疎外の道があるだろうか。

人間が動物、特に長いこと家畜化された動物と誤った関係をもつことは、残酷で非常に危険なことだと昔から考えられてきた。われわれの歴史はもとよりどんな国の歴史においても、動物を虐待した聖人などおらず、聖性と動物への慈《いつく》しみを結びつけた物語や伝説は数知れない。箴言のなかには「正しい人はその動物を可愛がるが、邪《よこしま》な人の心には憐れみがない」[1]、とあり、聖トマス・アクィナスは次のように記している。「人が動物に思いやりを注ぐならば、人間をそれ以上思いやるようになることは疑いない」。そして、私は法王ピオ十二世からも引用したい。法王はいう。「動物の世界は他のすべての被造物と同じく、神の力、英知、善の表れであり、そのようなものとして人間の尊敬と考慮に値する。動物を殺そうとする無謀な欲望、動物に対する無用な厳しさや非情な残忍さは非難されなくてはならない。しかも、そうした行動は人間の健全な感情を壊し、残忍なものにする」

　聖者や賢者のこうした言葉は、飢えた人々に食糧を与えるという現実的な問題と関係があるだろうか。ある。人はパンだけで生きるものではなく、もしこの真理を無視し、「人間感情」の残忍化を許せると考えるならば、人間は技術的な知性は失わないにしても、健全な判断力を失い、その結果——なんらかの形で——パンさえも手に入れられなくなる。同じことを言葉を換えていえば次のようになる。人間の今日の唯一最大の課題とは、自分自身のなかに非暴力の力を培《つちか》うことである。たとえば農業において人間が暴力的におこなうことは、非暴力的に、つまり優しく、有機的方法で、生のリズムに忍耐強く合わせておこなうこともできる。今後の調査・開発の本当の仕事とは、人間がこの地球上の生活に必要とする成果を得るための確実に非暴力的な方法を編み出すことである。暴力的な方法は常により大きな成果をより早くあげるように見えるが、実は、とりわけ世界の食糧問題に関連しては、解決のつかない問題をますます増大させている。だが道はある。非暴力の道である。その基礎は、世界中の何億人という貧しい農民への真の同情であり、貧困の極限を認識する想像力の努力である。それが真に彼らの自立をたすける政策を生む。これこそが模索すべき方向である。それは人間らしく民主的で、実は驚くべきほど安価である。

訳注

〔1〕旧約聖書　箴言　一二・一〇。

第六章　都市と土地

1　巨大都市には未来がない

周知のように、近代の都市化の歴史は新しい。最初の都市は約五千年から六千年の昔に誕生しているが、今のわれわれが「当たり前」として受けいれている種類の、大都市（メトロポリス）や巨大都市（メガロポリス）の歴史は百年をかなり下まわる。

この問題の研究者としてよく知られているキングスレイ・デイヴィスは数年前に「世界は全体としてはまだ完全に都市化されていないが、近いうちにそうなるだろう」と述べている。なにを根拠にこうした予言がなされたのかいぶかるかもしれない。私の推測では、もっぱら過去と現在の傾向を根拠にしている。私も統計家なので、その傾向自体の背後にあるもの、傾向を可能にしさらに継続させているもの、を理解できたうえでなければ、傾向の外挿《がいそう》（将来への延長）を進んで受けいれることはできない。キングスレイ・デイヴィスは「大部分の人々が街や都会に密集して暮らす都市化された社会は、人類の社会的進化における新たな、基本的な段階だ」と主張している。彼がこの考えを打ちだしたのが、この「新たな基本的な段階」が世界の至るところで見られた、過去百年間を説明するためなのか、それとも全世界の完全な都市化がやがて実現されるだろうという彼の予想を正当化するためなのか、私にはわからない。人類の社会発展の新たな基本的な段階という考えは、いったん到達すると永久に居すわるものだということを示唆《しさ》しているようにみえる。だが、ここにこそ疑問がある。それはなぜ発生したのだろうか。それを発生させた力はなんであったのか。それが発生した物質的根拠はなんだったのか、その物質的根拠は永久に続くのか、あるいは長続きしそうもないのか。進化の観念は過去を叙述するには役に立つが、説明する場合にはほとんど役に立たず、未来となると、その予測価値はとても信用できない。

この驚くべき現象――大多数の人々が街や都会に密集して暮らす――を別の見地から眺めるには、アメリカの人口の七〇パーセント、また他の工業諸国でもほぼ同じ率の人が国土の一パーセントを少し上回る都市に住んでいるという、周知の事実を思いだすのがよい。これで集中度がいくらか理解できる。キングスレイ・デイヴィスは「都市住民からなる巨大で稠《ちゅう》密《みつ》な集合体は……他の大型動物の集団の規模を超えている。それは哺乳《ほにゅう》動物のものというより、団体生活を営む昆虫の行動を示唆する」と述べている。哺乳動物が団体生活を営む昆虫の行動をとるのは、その社会進化における新しく基本的な段階だと叙述してもよいが、それが正しい方向での歩みかどうかは、にわかには断定できない。

街や都会はさまざまな、多少とも永続きする多くの構造から成っており、それゆえに、こうした構造の責任者たちが私の提起したような問題について少し考えてみるのは時間の無駄ではないはずである。妥当な「時間の地平線」（永続期間）はどのようなものであろうか。石やコンクリートの建物は短期に打ち壊されることを想定して建てられることはない。建てるからには、基礎構造はしっかりしたものでなくてはならず、またその建物が十年もつならば、そこそこの修理やメンテナンスを加えれば、百年かそれ以上の期間十分もつと考えてよい。私が建築家だったら、たぶんこういう考えは悩みの種となり、挙げ句のはてには思案にくれてしまうだろう。むろん、それだから私は建築家にならなかったのである。はっきりとした例をあげれば、内科医や外科医はもっと楽な立場にある。大変な過ちをしでかしても、過ちはすぐに消える。ところが、建築家の過ちは永久にそのまま残る。

　ここで指摘したい、というより思い起こしたいのは、永続的な構造にかかわる人にとって妥当な「時間の地平線」はとても長いという点である。構造は今日に「適合する」だけではなく、非常に長期間「適合し」続けなくてはならない。ある文明は、いわば期限のない、そしておそらくごく長期間のコミットメントを自ら背負いこむことはできないと結論して、「自然の」崩壊率にしたがう建築材、つまり木材、竹柱あるいは紙しか使わない。中世ヨーロッパのような文明は、建築物は「性格上永遠」のものなので、工芸品と同様経済計算に服しえないし、服してはならないという結論をだした。よいといえるのは最善のものだけであり、「神」の栄光に捧げるに値するものだけが人間存在の品位に相応しい。そして、この理想はつねには満たされないにしても、著名な建築の大部分の場合、満たされている。われわれの文明は、まさに恐れを感じさせるような、長持ちする建築材料を扱っている。先の大戦時に気軽にきっと短期ですむと思われた緊急事態用に造られた爆弾防護シェルターのなかには、頑丈すぎて廃棄費用を負担するものはだれ一人いないまま、今でもおぞましい栄光のなかに放置されているものがある。

議論の出発点にもどろう。近代の都市化はごく新しい現象で、百年にも満たない。もっと前に可能であったとしたら、なぜそうならなかったのだろう。また以前は不可能だったのだとすると、それを可能にしたものはなんだろうか。私の考えでは、これは別個の問題であり、それに目を向けなければならない。ローマがその例であるが、大都市が成長を続けそれ以上は成長できないところまでいった例が歴史上数多くあると私は考えている。成長をおしとどめたものはなんだったのだろうか。答えは簡単である。食糧の供給をもう受けられなかったのである。都市はその周囲に頼って生きており、大きくなるにつれてますます遠い郊外から食糧を入手しなくてはならなかった。そして、距離が遠くなるにしたがって、輸送が対応できなくなる。ボトルネックは輸送であり、輸送のボトルネックはエネルギーにあった。痛まない商品は別として、人力や畜力は長距離はこなせず、かりにこなせたとしても、ある点に達すると手に負えないほど高くつくことになる。

十九世紀に西欧社会は、自然が蓄えた化石燃料、最初は石炭、次に石油を開発することを学んでこの壁を突破した。石炭のおかげで軌道による輸送がはじまったが、それは石炭が粒が粗く重く、それゆえに何両もの客車や貨車を引っ張る機関車に最適だったからである。いっぽう、石油から自動車輸送が生まれたのは、石油が（石炭にくらべて）軽く、容易にとりわけができ、重量単位当たりはもとより容積単位当たりのカロリー価値がたかく、その結果道らしきものさえあれば、どこからどこへ送るにしても、高速かつ小規模で集中的でない輸送に理想的に適している。化石燃料の発掘が主な要因であるが、他方技術的な技が花開いたことが副次的な要因である。それはある意味ではこの物質界において物質的なことが知的なものの不可欠な基礎だからである。

大規模な都市化は、過去百年について見てきたように、もう一つの要因の介入を必要とした。実に多数の人々が土地をはなれて街や都市に密集してきたというのに、人類が食べてこられたのはなぜか。都市化を制約する要因は農業の生産性であり、この場合「生産性」が意味するのは、エーカー当たりの産出高ではなくて一人当たりの産出高である。街や都会は農村の余剰のうえに成立していて、ぎりぎりの農業生産では最小限の都市化さえ維持できない。それでは、どのようにして過去百年間の高度の都市化が可能だったのだろうか。近代農業の一人当たり生産性が大幅に改善されたからである。土地を耕すのに必要な人数がどんどん減り、その結果ますます多くの人が土地を離れて都市に流入できたのである。

答えはすべてさらに次の問いを呼ぶ。われわれの次の問いは以下のとおりでなくてはならない。どのようにして農業における一人当たり生産性がこのずばぬけた、歴史上例のない上昇を達成できたのだろうか。最重要の要因の一つは、化石燃料による新技術の導入であった。アメリカ、西ヨーロッパや「緑の革命」による影響を受けている地域をはじめ世界の多くの国でおこなわれている近代農業技術は、基本的に石油依存である。一人当たり生産性を上げる驚異的な成功をもたらしたのは、石油依存の強い技術、機械化の幅広い適用と、さらに重要なものとして、広範な化学薬品の使用であった。物理・化学的にいえば近代社会はさまざまな食糧を食べているが、経済学的にいえば石油を食べているのである。

近代型の都市化が、おおまかにいって十九世紀の中葉以前には可能でなかったとすると、それを可能にしたのはなんだったのだろうか。これに対する答えは互いに重なりあって三つある。①化石燃料という自然資源の発掘、②きわめて効率の高い、石炭依存からはじまり、今や主に石油に依存する運輸体系の発達、③ほぼ全面的に石油に依存する農業技術の展開である。

数年前まで、われわれは石油を無尽蔵だと考えていた。たとえば、一九六七年秋、時の動力相は「燃料政策」と題する白書を議会に提出した。白書の中心的なメッセージは次の点であった。「十分で安全な供給を第一に考えて、政府の基本的な目標は安価なエネルギーだと要約できる……重要な点は、原子力、北海のガス、石油の価格の安さと技術的な利点を最大限に活用すべきだということである」。動力相は石油供給の量と供給確保の確実性になんの疑問ももたず、そこでイギリスの石炭産業をさらに縮小する計画をつくったが、炭鉱労働者とその地域共同社会に過大な困難を強いないよう縮小の速度を調節せねばならないだろう。賢明な一節のなかで、彼は今後の石油のコストを論じている。「石油価格の先行きを予見するのはむずかしい。それが上昇しないと期待できる理由がいくつもある。この産業は絶えずコスト削減の途を追求しており、その方法はたとえば海上運賃を下げ、供給の弾力性と安全性をあげるための巨大タンカーの使用であり、しかも原油は世界の需要増にもかかわらず今後長年余りつづけるだろう。イギリスでも他の国でも、天然ガスと原子力との激しい競争に直面するだろう。今あるデータから見ると、石油は依然として競争で石炭に勝ち残り、石油価格の引き上げ圧力は市場を失う危険があるので抑えられるだろう」

こうした景気のいい議論は異論を招かなかったわけではないが、「安価な燃料は無尽蔵」という心地よい夢がみんなを満足させたので、異論に耳を傾けようとする人はいなかった。ここへきてわれわれは荒っぽく夢から叩き起こされた。次の公式数字がそれを示している。すなわち、一九七〇年にはイギリスの月間原油輸入量は平均で八百三十万トン、トン当たり平均四・八ポンドとすると月間輸入額は四千万ポンドである。一九七四年三月には、原油の輸入量はやや多くて九百六十万トンであり、トン当たり平均価格は二十八・九ポンドであったから、輸入総額は二億七千八百万ポンドとなり、四年前と比較して国際収支への負担増はほとんど二億四千万ポンドである。

原油価格の上昇圧力は市場を失う危険で抑えられるだろうとわれわれは教えられてきた。だが、石油輸出国がわずか四年前には六トン輸出してかせいだ代金を一トンの輸出で獲得できるとき、市場の喪失を心配するなど考えられないではないか。むしろ、彼らは市場の喪失が起こったら喜ぶだろう。彼らは長年石油輸入国が需要を切り詰めるよう要請してきたのだから。彼らの観点からすれば、自国の確認石油埋蔵量は無限ではなく、「市場維持」をすれば二、三十年のうちに枯渇してしまうことに十年ほど前気づいて以来、市場の喪失こそ願ってもないことであった。彼らはますます強い調子で次のように訴えている。「どうか需要を落としてくれ。二、三十年間でわれわれの油を売りきるとなると、われわれはどうなるのだろう。二、三十年で国民に石油輸出なしの生活の資《もと》を作りだすのはむりだ」

一九七三年十月六日、またアラブ・イスラエル戦争が起こり、アラブの石油輸出国に原油価格情勢を急展開させる歴史的な機会をあたえた。数ヵ月のうちに、価格が四倍に上がり、石油の確認埋蔵量を二、三十年よりもっとながく保たせるという、彼らの基本目的は、今やいわゆる価格機構を通じて実現できるようになった。石油を政治の武器に使う話は、耳にしなくなった。今後しばしば耳にすると思われるのは、次のような言葉である。「もちろん、あなたはほしいだけの石油を買える。だが、代金は払えますか？」。そして、事態の核心は、われわれの経済が慣れっこになってしまった輸入量の石油代金が支払えない、ということである。

危機が三ヵ月以内にくるか、三年後に訪れるのか予測はむずかしい。ただ私がいいたいのは、真に重要なことはこの点での正確さには関係ないということである。とりわけ、「時間の地平線」が百年単位ではないまでも、十年単位であるような、建築業者、建築設計者、都市計画家などにとってはそうである。安価な燃料による経済の時代は終わりに近づいており、事実上終わったということはまず疑問はない。この点を理解し受けいれるのが早ければ早いだけ、予想外のトラブルの期間を経ずに新しい情勢に適応する機会が増えるだろう。

化石燃料がこの百年の間安値で潤沢《じゅんたく》であったことは、きわめて深刻な影響をもたらした。次にくる高値と品薄《しなうす》の時代は、世界の各地とはいわないが、西ヨーロッパと日本、さらには多くのいわゆる発展途上国に、同じように深刻な影響をあたえざるをえないだろう。

化石燃料の安値と潤沢さは、セメントや鉄鋼のような、生産に燃料を多く使う建築材料の大量生産や、人間の労働に代えて燃料を多用する機械化を特徴とする建築法や高層アパート、ホテル、事務所ビルのような、いってみればそれを動かすのに絶えず石油燃料の高い消費に頼らねばならない建築物を生んできた。

燃料に関しての、この安値と潤沢さからこうした結果が生じたとすれば、高値と品薄はどんな結果を生むだろうか。これが決定的な問題である。これは自らを励まして大胆に将来に目を向け取り組むべき最大級の問題である。目を閉じて夢みつづけ、「人々に生活様式を変えよとどう説得するのか」とか「本当に人々が変化を望んでいると思っているのか」という問いにすりかえたり、「政治システム」などの改革について果てしない議論を続けたりするほうがはるかに楽である。私はこういう問いがまったく的外れだといおうとしているのではないが、それらは第一義的なものではない。つまり、将来を左右するのは燃料の供給であって、われわれの好き嫌いは主役ではない、ということである。よしんば大多数の人が巨大都市の混雑のなかで住むのを強く望んだとしても、稠密度の高い生活形態は燃料の多消費によってしか維持できないという事実は残る。燃料の供給に問題が生じると、そういう生活形態の維持も怪しくなる。換言すれば、世界全部がやがて「完全に都市化」されるだろうという、キングスレイ・デイヴィスの予測を受けいれるどころか、われわれは今や世界で高度に都市化された地域、たとえば西ヨーロッパや日本がある程度都市化を脱却する道を見いださなくてはならない可能性を考えておかなければならない。高密度の燃料が高値で手に入らなくなれば、密集した暮らしが維持できなくなるからである。

現代農業は石油需給の動きが悪い方向に動けば、明らかに大打撃を受ける。多くの発展途上国で「緑の革命」がほとんど壊滅したのを目にしている今日、われわれにはそれがわかる。世界人口の増加はないとして、全世界の四十億人を現代の農業技術で養うにはどのくらいの石油が要るか、すでに計算されている。答えは、この前提では、現在知られている確認石油埋蔵量のすべてが三十年以内に農業だけによって枯渇してしまう、ということである。

結論はしたがって、現代の農法には長期的展望がなく、石油消費の少ない別の方法をスピードを上げて開発する必要があるということになる。この結論への通常の答えは、別の方法は、それが可能だとしても、現代の方法と比較するとはるかに労働集約度の高いものであろうということである。換言すれば、土地で仕事をする人の比率が上がらざるをえない、つまり都市に住んで働く人の比率が下がらざるをえないということである。

なによりも真剣に考えるべきことは、まさにこの可能性、あるいはこの準必然性である。もっと多くの人が農業で必要となるのであれば、農村の共同体の生活を向上させ、発展させねばならない。これは難事業である。百年以上もの間、都会生活ばかりが強調され、農村地域を犠牲にした人材流出が目を覆うばかりに激しかった。一世紀もの歴史があるこの傾向を逆転させるのは容易ではないが、不可能ではないであろう。この方向への必然的な移行を多くの若者が歓迎する徴候さえみられる。

さて次に輸送に移ると、類似した光景が目にうつる。安価な高速輸送が現代の都市化を可能にした。移動能力は非常に価値あるものとされ、この価値判断が安くて潤沢な石油の供給によって支えられてきた。もしもたとえば英仏海峡トンネル敷設計画が想定している輸送需要なるものの先行き見込みを真面目に受けとるとすると、二十年間に現在の二ないし三倍の石油を輸送分野に投入しなくてはならないだろう。この見込みは現在すでに去り、たぶん再び戻ってくることのない歴史的情勢にもとづいている。新たな情勢はわれわれに次の問いを促す。「どうしてそれほど多くの輸送が必要なのか」。それほど巨大で、しかも増加する一方の輸送需要を生むのは、われわれの生産、消費、人口分布、一言でいえば、われわれの生活様式のなかの、一体なんだろうか。つまるところ、あっちこっちたらい回ししたところで品物はよくなるわけではない。価値が増えたように見えるのはなぜなのだろうか。

機械化と自動化を第一に強調する生産形態は、どうしてもばか高い経費がかかる傾向があり、そこで、よしんば平均収入より低い純収入しかあげられなくても、遠隔地の市場にも製品を出荷するのが「経済的」にみえる。低くても「経費を分散させる」のに役立つからである。大規模な生産単位には大量の長距離輸送への大幅な依存が付随している。経済学者はこれを消費者の選択をひろげるものと主張する。だが、耐えがたいくるまの騒音や汚れた空気のない場所を消費者が選ぶ機会を、それが減らしていることについては黙して語らない。

今後は、輸送そのものより輸送計画にもっと関心を払うべきである。計画の主な狙いは一切の合理的な範囲を超えてしまった輸送需要の圧縮であろう。言葉を換えると、生産と消費とをもっと近づけることがますます望ましくなる。コヴェントリー（イギリス中部の工業都市）で使うくるまを東京でつくる今のやり方は、ごく合理的な人間の知恵が思いつくやり方とは思われず、また東京とコヴェントリーの間の輸送がなにか思いもかけぬ技術革新でもっと速くなるか、安くなったからといって、「やり方」が改善されたことにはならない。

生産形態だけではなく、消費形態も変わらなくてはならない。今では地中海沿岸のホリデイ・リゾートの高層ホテルが夏季に営業できないと報告されている。エネルギー価格の容赦ない上昇が経済システムに浸透すると、無数の高層アパート群はどうなるかについては、だれもわからない。太陽エネルギーや風力は化石燃料への依存を軽減するうえではほとんど役に立たない。

しかし、私は現在ある建物の将来を論じるつもりはない。今後建てられる建物はどうなるのだろうか。燃料情勢の、安値と潤沢さから高値と品薄への変化は、新しいタイプの採算と新たな効率基準を要求する。いうまでもないことだが、カネで量れるものは、すべて引き続きカネで量らなくてはならないが、このカネによる採算はカロリーのような燃料単位による採算で補足され、チェックされねばならない。カネでは比較的安く見えても、カロリーでみると高価なものは買えない。ここでも、私は細部に立ちいることはできない。現在、「代替エネルギー源」についてまだ盛んに議論がおこなわれているところで、燃料は確かに高くなるだろうが、世界のどこかには十分にあって希少なものになることはないと多くの人は想像している。彼らにわかっていないのは、燃料の貨幣コストだけでなく、燃料の燃料コストというものがあるという点である。アメリカの鉱業庁は近年各種の燃料をつくるのに何カロリーいるかを判定する研究に手をつけた。ここで問題なのは、エネルギーの粗生産ではなく、エネルギーの純利得である。フロリダ大学のオーダム教授は「純エネルギー思考の最大の教訓は、エネルギーの自立を達成すべく開発された新技術はすべて現在のエネルギー供給を喰いつぶしているので、化石燃料が尽きる日を早めているという点である。一例をあげると、軽水炉のためのウランの濃縮で、石炭換算で原子核燃料から得られるエネルギーの六〇パーセントが消費されている」といっている。原子核エネルギーの生産者が本当にエネルギーの純生産者であるのかどうかの疑問には、まだまだ答えが出ていない。

現代社会の生活様式の特徴は、経済代謝とも呼ぶべきもののごく高い率、つまり大多数の人にとっては、まだまだ悲しむべきほど低い生活水準を得るための莫大な資源投入である。奇妙で逆説的なことであるが、われわれは静止しているためにますます速く走らねばならないのである。平均的なアメリカ人の経済代謝率は、平均的インド人の五十倍見当であり、平均的西ヨーロッパ人のそれは三十倍であるが、世界の豊かな社会の追求しているのは、貧しい社会よりも一心不乱に代謝の活発化をもとめての戦いである。ところが、そうした活発化に成功しても、生活の重荷が軽くなるわけではなく、かえって重くなる。燃料不足や物資不足で一層の成長ができなくなったり、あるいは経済活動を一部落とすほかなくなったら、人々を待っているのは貧窮だけだと恐れられている。

すべてこれらは経済代謝率を生活水準と同等とする混乱した考えに由来する。生活水準は消費する、つまりは価値のある財やサービスを壊したり使いつくす率によって本当に決まるのだろうか。非常に高度な消費をおこないながら、暮らしは貧弱な家庭を目にする。夫婦は仕事に出、帰宅すると身体は疲れきっていて機嫌も悪く、テレビを見るほかになにもする力はない。その子供たちは構ってもらっていないと感じ、手もつけられず解決にカネがかかる問題を次から次に親につきつける。カネのかかる休暇も年間に溜《た》まった疲れや傷を癒《いや》すことができない、等々である。ところが、消費は比較的少なくても豊かな暮らしをしている家庭もみんなが知っている。どんな暮らしなのだろうか。経済の言葉でいえば、前者の代謝率は高く、後者のそれは低い。生活水準の高いのはどちらだろうか。

よく耳にする、簡単でスマートな対策は「サイクル（自転車）とリサイクル」である。自転車はうれしくなるほど経済代謝率の低い輸送形態である。乗り手の生理的な代謝率はくるまの運転者のそれより若干高い。しかし、それは乗り手ないしは社会に多額の医療費の支出を免れさせる。これに反して、リサイクルは多くの場合望ましいにしても、根本的解決にはならない。高いむだ使い率を放置しておいて、その後でリサイクルで問題を片づけようとするのはなぜだろう。まずむだ使い率を落とそうとするのが賢くはないか。そうすれば、リサイクルの問題自体がずっと容易になる。

永遠の財と、束の間の財とを区別するとよい。束の間の財とサービスの消費に力点をおく生活様式は、高い代謝率をもつ経済システムを求め、したがってさまざまな公害問題を生み、環境を台なしにし、不可避的に厳しい資源のボトルネックに直面する。もちろん、消費という行為を通じて姿を消す束の間の財の流れは、人間生活に欠かすことができない。だが、この流れを適度の水準に抑え、永遠の財の創造、つまり環境の永続的な改善、秀れた道具や機械、土地、動植物と人間の健全さと健康、心から楽しめる仕事の機会、さらには美しい建築物と村や街、その建築物や村や街に編みこまれるいろいろな美しいものの創造に主たる力点をおくのが賢いだろう。そのような生活様式には、維持しきれない高い代謝率をもつ経済システムは必要でないし、それでいて貧窮や堕落の匂いは漂わない。

私は現在の生活様式の維持継続をますますむずかしくする事実の論理が、人間性に強い圧力を及ぼすだろうと信じている。この圧力には事前の沈着な思慮をもって対処し、創意工夫で対応することができる。これができれば、よしんば経済の代謝率を落とさねばならぬとしても、われわれの文明の将来に絶望するいわれはあるまい。歴史のどの世代とも比較にならない科学知識と技術力に恵まれているのだから、かつて経験したことのない、満足のゆく生活をかならず築けると信じていけない理由があるだろうか。

2 土地の使用

土地の適切な使用という主題は、一見やや技術的なことのようだが、深く考えれば考えるほど、私にはそうではないことがわかった。この問題は高度に哲学的で、もし土地使用の問題を処理する場合には技術的性格の創意工夫が必要だと考えると、それはまったく自らを欺《あざむ》くことになる。

人には常にそれ自体のためにすることがあり、またなにか別の目的のためにすることもある。どんな社会であれ、特に大事なことの一つは、目的と手段を区別し、それについて一貫した見解とある種の合意をもつことである。それ自体のためにすることはなにか、また他の目的のためにすることはなにかの区別である。

さて、それ自体のためにすることはなんであれ、計算ずくとは縁がない。一例として、大多数の人は清潔を心がける。それは計算ずくではない。経済計算をあてはめる余地がないことは明らかである。実をいえば、洗面、洗顔はまったく不経済なことなのである。洗ったからといって、なんの利益も出てきたためしがない。改めて考えてみると、それ自体のためにおこなわれるので不経済そのものである行為は数多い。そこで、私が指摘する第一の点は、手段とは区別された目的というものは経済計算の対象ではないということである。それは経済になじまず、いってみれば超経済的なものである。物理学の外に超物理学（形而上学）があるように、経済学と並んで超経済学があってもよい。

超経済学の大きな要素はなんであろうか。私としては、昔の人がよく口にした四大要素を思いだす。空気、水、土と火である。この四つが超経済的要素である。人の手になるものではないが、人はこれらの四大要素に依存している。これらを求める値打ちがあるのは、それがある目的のための手段ではなく、目的そのものとしてである。人は今日空気をきれいに保とうと気を遣うことが果たして経済的かどうか、などを問題にしない。それどころか、きれいな空気はそれ自体において善だといっている。これを無視すると損害をうけるという議論もできるが、それは経済論ではない。われわれはきれいな空気をそれ自体における価値として求める。同じことが水についてもいえる。同じことを私は同時代人に向けて基礎的なエネルギー資源、つまり四大要素の火について語りかけている。そして、昨今われわれは四大要素の土について口にしている。私は土、大地は超経済学の問題を提起しているといいたいが、現代社会ではこの点で見解の一致がないことを認めよう。

今日きれいな空気ときれいな水が価値のある目的であるとだれもが信じているけれども、土地は気を遣う値打ちのある、それ自体における目的と考えるべきものであろうか。残念ながら、そこまではまだ遠い。むろん、そこに到着することはできる。百年ほど前を思い出してみさえすればわかる。そのころ、多くの人は第五の要素をそれ自体目的と考えることはできなかった。第五の要素とは、いうまでもなく人間——人そのものである。人は単なる経済現象だという、今も恐るべき不快な存在として生きている理論があった。たとえば、人の所得は市場の諸力によって決定されるべきだとか、働く機会があるかどうかは、経済全体の管理・運営がどんな雇用水準でやりやすいかによって決められるべきであるとされた。こういったすべてがまさに健全で科学的な感覚だと考えられてきた。しかし今日、この状態からある程度抜けだしたのを喜びたい。つまり、現代の経済学においては人間はある目的のための手段ではなく、目的そのものだと広く認められている。人々が手段と目的をごちゃごちゃにするとなにが起こるかは、ご存じであろう。金儲けに没頭してカネが目的のための手段にすぎないことを忘れた男は、吝嗇家《りんしょくか》、いやな性格の人間として憫笑《びんしょう》と軽蔑の的になる。とはいえ、今日の社会のなかで、だれもが最終的な価値と認めるものを経済計算に乗せようと異常なまでの努力がおこなわれているのを目にする。

「教育は本当に採算に乗るのだろうか」という問い。まるで教育の目的が金銭報酬であり、教育自体は無価値であるかのようである。犯罪は採算に合うかと問う人がいるが、これは正当な問いである。しかし、もし「善は採算に乗るか、おこなう値打ちがあるのか、品のよい行動はよいことなのか」と問われるならば、おそらくうまく反論できなくても、この問いが正当性のない、下品なものであることをたちどころに理解する。そこで、私はもし人が目的自体を見誤って手段として扱うならば、生の堕落が生じると主張する。反対に、もし本当は手段であるものを目的と考え、それを持ち上げて目的の地位につけると、当人の堕落が起こる。守銭奴《しゅせんど》の例がそれである。

さて、本題に戻る。健《すこ》やかで美しい田園はそれ自体で目的だといえるのか、われわれはそう考えているのか。そのとおりだと答えれば、体を清潔に保つのが経済的かどうかを論じるのが無用であるのと同様に、それが経済的かどうかを議論する余地はない。清潔さは目的それ自体であり、自尊心のある人ならだれでもこれに賛同するだろう。これこそが土地使用の問題が主として経済問題や技術問題ではないと私がいう理由である。

そうはいっても、土地は人がつくったものと同様に売買できるので、この問題はややこしい。幸い、空気は売買できないので、これがきれいな空気が目的自体だという理解を容易にしている。ところが、土地は売買できるために、土地をナイロン靴下かビール一杯かなにか他の人造品と同じ――つまり売買の対象と考えてしまう。それが正しいのなら、議論すべきことはなにもない。売買の対象以上のものがそこにないならば、当然経済計算万能のはずだからである。

これを科学的に検証されるべきことだと考えると、時間の無駄使いである。人を愛したり、なにかを気遣ったり、ないしはなにかを尊重したりすることが正しいか否かは証明できない。将来を顧慮することが正しいとも証明はできない。私に向かってだれかが「汝、仲間を搾取するなかれ」といったとしたら、私は常に「なぜ」と反問することができるし、また

「汝、殺すなかれ」と命じられたら、「なぜ」と反問する。論理のうえではこれに結論はでない。仲間を搾取したり殺したりしないことに、議論の余地のない価値があることを直観的に——言葉はなんでもよい——感じとる。同じように、土地、土地の使用、保存、健全さと将来をこうした価値の一つとして受けいれるか受けいれないのか、である。

私がくるまを持っていたとしたら、いちばんよい使い方は、修理には一切気を遣わず、壊れるまで乗りまわすことだという説を正論として主張できる。実際、これがいちばんよく、経済的な使い方だとする数字を挙げることもできるだろう。数字が正しければ、私の主張を批判できる人はいないだろう。くるまには神聖なものはなにもない。くるまは単に目的のための手段であり、この目的が修理などに気を遣わず、壊れるまで乗りまわすことでいちばんよく達成されるなら、結構なことである。土地はくるまと同じ種類のものなのか、それとも別物なのか。それが大問題である。

同じ考えで、土地の上の生きもの、高等動物についてはどうだろうか。それはくるまと同じもの、つまり単なる効用なのだろうか。そうではなくて、それ自体が価値でもあるとみるべきだろうか。さて、これもまた単刀直入な問いである。現代の動物学者や生物学者は、これらの動物についてとても魅惑的な話を語ってくれる。それを聞くと、直接に目にできなくても、すべての動物が人間の理解をはるかに超えた神秘であることがわかる。たとえば、学者は科学の道具を使って高等動物のなかでは身体の内部器官は似たりよったりだと教えてくれる。ところが、外見的には驚くほどの違い――枝角、角やその他の、効用計算をまったく無視した素晴らしい特徴――がある。動物学者にいわせると、効用が決定的な場合にはあらゆる器官は同じである。しかし、なんであれ効用以外のもの――象徴とか平凡な生活より上等なものの暗示――が加わると、そこでは巧みさと美しさがふんだんにあらわれてくるのを見る。さて、このことを受けいれて、それ自体における価値が動物にあると認めるのか、それともそれはくるまと同じというのか。

　くるまが牛よりずっと美しいと考えている人のいるのは承知している。ただ、そのことを議論してみてもはじまらない。魅力を感じるかどうかである。たぶん、それはなによりも信の問題であり、断じて論理の問題ではない。

　もちろん、昔はそうではなかった。人間がつくったものでないものは大事にしなさい、なぜかといえば、それは神が造ったものであり、神はそれを「はなはだよい」[1]ものと見たからだと教えられたものである。ところが、今日われわれは反宗教的とはいわないまでも、宗教と無縁の社会に生きていて、神にかかわる議論には反応がない。そこで、議論は落ちて別な形、つまりは「ごらん、身を慎まないと後で後悔するよ」という嚇《おど》しになる。土地とその上に棲《す》む動物を大事にしないと、しっぺ返しを受ける。だが、しっぺ返しは時間がかかるので、人は「ああいいさ、私はそれよりもっと長く生きるさ。なんで子孫のことを気にしなくてはならないのかね、子孫が私になにかしてくれたかね」という。こうなると、議論してもはじまらない。緑ゆたかな心地よいイギリスの大地がなぜこれからも緑に覆われ、心地よくなくてはならないのか。自分のための心地よい小さな隅っこがあれば、それで十分。わずかでもコストがかかるのなら、なんで動物の大きさや美しさを気にかけることがあろうか、というわけである。そんなやり方だと野生生物が絶滅してしまうと、人々が集まって心配しなくてはならないのか。絶滅してなぜいけないのか。必要とあれば、私は小鳥を籠に飼うことができる。ご覧のとおり、事が基本的な価値の問題、社会がその価値のためにがまんしようとする犠牲の問題となると、嚇《おど》しすら利き目がないのである。

とはいえ、長期にわたる嚇しの力を明らかにするのはむずかしいことではない。イギリスで毎年健康のために——むしろ疾病のためにというべきか——十四億ポンド以上使っていることを指摘すれば足りる。驚くべき金額である。イギリスは豊かな社会と思われているが、私は貧しい国々を隈なく旅してみて、富んだ国のように病人・半病人が多いところを見ためしがない。まったくもって、健康とはもはや実体のある概念ではなくなった。国民保健サービス制度はまったく羊頭狗肉《ようとうくにく》で、国民疾病対策制度なのである。医学の知識や技術が長足の進歩をとげているのに、成果はまことに情けないものである。簡単に計測できるのは健康ではなくて、寿命か平均余命である。一九〇〇年以来、アメリカの四十五歳の男性の平均余命は二・九年伸び、六十五歳の男性の場合は一・二年伸びている。さて、これは特記するほどのものではない。実のところ、進歩したといえるのはほとんど幼児死亡率の低下によるのである。それこそ真の生命救済の進歩である。世界でもっとも豊かな国のアメリカでは、最近の調査によると、全人口の四一パーセント以上に慢性疾患があり、他方で健康のために年間五百億ドルを費やしている。これは一人当たり年間百ポンド以上である。豊かさが増すにつれて、現状を維持するだけの費用がかさみ、もはや健康の向上が問題ではなく、ただ生き長らえさせることが目的となる。

以上をはじめとする論点をあげて、嚇しに使うことはできるが、本当の証明をすることはできない。「不健康の原因を土地の使用に帰してはいけない。その他の要因を見るべきだ」とよくいわれる。そのとおり、数限りない悪習、不健全で歪んだ暮らし方があるのも承知している。人類に与えられてきたあらゆる教えに背《そむ》いた、まったく無用な欲求が刺激されている。人々はおやじの時代の贅沢品が今ではみんな必需品と揚言《ようげん》するが、これこそどんな生き方であれ、まさに生き方に対する痛烈な批判になっている。都市化が度を超したので、商工業における仕事の組織の仕方が、大多数の人に心の底からの満足を与えていない。

食物は品質が悪く、美しいものはまわりにない。こういうわけで、健康のためのこの巨額の出費のうちどれだけが土地の悪しき使用のような単一の要因に帰せられるか、証明することなどだれがするだろうか。

基本的に信の問題である点を科学的論議に乗せようとしても、無駄である。私はこういう発言が人気のないことを知っているが、事実は曲げられない。信をもっている人にならば、これが一体どういうことかを正確に語る、神聖な素晴らしい言葉がある。「そして、主なる神は人を連れて行ってエデンの園に置いた[2]。それは実はそこでぶらぶらさせるためではなく、「園を耕し、守る」ためである。そして、主なる神はまた「海の魚と、空の鳥と、地に動くすべての生き物に対する支配権[3]」を人に与えた。注釈を加えると、支配権であって、専制権ではない。主なる神は「園を耕し、守れ」といわれた。「園を壊し、動物を一掃せよ」とはいわれなかった。この点を信じない人は、別な信を抱き、それで事は非常な混乱におちいる。通常その信とは進歩への信で、ということは未来はかならず現在よりよくなるということであるから、長期的な嚇しをまったく受けつけない。未来について警告を発すると、「また昨今流行《はや》りの悲観論」として片付けられてしまう。警告の出し手が経済学者だとすると、物事の科学的な側面を論じる資格に欠けるものとされるし、科学者が警告すると、本質的に経済問題であるものを論じる資格がないといわれる、等である。進歩への信は反対を受けることはあるまいし、人が進歩だと思いこんでいるものが実は退歩だとはだれも教えてくれない。

とはいえ、ものを考える一部の人たちがこの問題を論じている点に注意を向けるとよい。お勧めしたいのは、ルイス・ハーバーの『われらの人造環境』で、このなかでハーバーは次のように述べている。「大都市の生活は、心理面でも、経済面でも生物学的にも崩壊しつつある。何百万人の人たちが足による意思表示でこの事実を認めている。世帯道具をまとめて都市を去っていく。大都市との絆《きずな》を断ち切ることはできなかったにしても、最小限、縁を切ろうと試みたのである。社会的な徴候としてこの動きは見逃せない」。著者はさらに「人間が自然界と和解することが、単に望ましいだけではなく、不可欠になったのだ」と述べている。

私がアメリカ人著者を引用したのは、多くの面でアメリカはイギリスの二十年先を歩んでいるので、そこで起こっていることに注目するのは常に興味があるからである。大都市の生活は、心理面でも、経済面でも生物学的にも崩壊しつつある。アメリカの大都会を訪れたことのある人なら、だれでもこれが真実であることを知っている。だが今日注目すべきは、同様に世界中で農村の生活が崩壊しつつあり、ハーバーが大都市の生活について用いたのと同じ表現があてはまるという事実である。何百万人の人が足による意思表示で崩壊を認めてきたといえる。世帯道具をまとめて村を去って大都市へゆき、そこでスラムの住人になってしまうのである。何百万人もの住民をかかえる街は、もちろん意味をなさないから、街の文化は崩壊しつつある。高度な文化を生みだすだけの人口の集中をもつ街なら意味があるが、何千万人の街は無意味であり、スラムだらけの街は論外である。ハーバーにいわせると、こうした巨大都市では住民は田園に住んでいた先祖よりも孤立している。「現代の大都市の住民は史上例のないほど互いに無関心となり、社会的にも精神的にも孤立している」。では、住民はどうするのだろうか。住民は郊外へ移ろうとし、そこで通勤者になる。さて、これこそ今述べてきたこと――土地の多目的使用――ではあるまいか。こんな具合なのである。住民は逃げだすが、農村の文化そのものは崩壊しつつあり、農民は街に流れこもうとする。これが世界中で、豊かな国でも貧しい国でも起こっている動きなのである。そして、この動きが著しくすすんだ豊かな国では、もう健全な街は消えうせ、果てしなく連なる、金持ちの、退屈きわまる、不毛な郊外と、目をそむけたくなる堕落したスラムの大都会があらわれる。これは豊かなアメリカだけでなく貧しいインドでも同じである。

どんな救済策があるのだろうか。これは、小手先の弥縫策《びほうさく》では手におえない大状況であり、真の救済策は本当に懸念すべきことはなにかという、基本的な問いから出発しなくてはならない。私は先日ヨーロッパの最高の行政官が「だれしも経済原則に反して行動する贅沢にふける余裕はない」[4]と発言しているのを耳にした。この講演をするのが経済的な行動なのかどうかを聞いてみる機会はなかった。見たところ、彼はきれいに髭《ひげ》を剃《そ》っていたので、毎日髭剃りをするのが経済的行動なのかどうかを訊《たず》ねてもよかった。だが、「だれしも経済原則に反して行動する贅沢にふける余裕はない」。これが彼が大いなる権威をもって言明したことなのである。そして、問題のすべてが、経済原則に反して行動する贅沢こそ、空気、水や他の人間、そして土地に対して正しいことなのだという事実を正視する態度をとれるかどうかにかかっている。

とはいえ、三つの現実的な問題が出てくる。第一は、なにが適切な土地管理であるかについて合意を形成する必要があること。第二に、悪用に対して法律をつくる計画を立てるべきだということ。そして第三に、正しい行動への十分な誘因となりうるものを見いだす必要がある。どの問題についても、固定観念をもって云々《うんぬん》するのは賢明ではなく、直観で方向をさぐることしかできない。

適切な土地管理とはどんなものか。私は専門外の事柄について技術面の細部に立ち入るのは好まない。ただ、間違いなく論議の大切なテーマとして取り戻すべき基本的な考えは、健康と美と永続性である。この三つには個別の接近法と配慮が必要だと私は信じている。とりわけイギリスの大地、どの牧草地にもそれぞれの特徴がある、波打つ丘を考えると、それは規格化された条件をもつ工場とはまるきり異なる世界である。なにものにも、土地もその上の動物にも個別の気配りと個性的な扱いが要る。ところが、世の中の傾向はまさに逆方向に、つまり個性無視と工業化に向かっている。中央への集権化、規格化の方向である。現代の街の住民に「適切な土地管理法はどんなものだと思うか」と訊ねると、答えは「最大限の産出と最小限のコスト」であろう。それが住民の答えである。それ以上押しても無駄である。イギリスの人口の九〇パーセントは街に住んでいる。彼らはこの答えに満足してはいないだろうが、ともかくそれが彼らの答えなのである。イギリスの農業を維持するためになぜカネを支払わなくてはならないのか。採算がとれていないからだ――では外国から食糧を輸入しよう、となる。農民は経済を重視するか、さもなければ農村を去るべきだ、となる。

か。

そこで第一の問題は、われわれが適切な土地管理についてどこまで合意を達成できるか、である。それは工場型農業にますます傾斜してゆくことなのか、それとも実は家族・個人経営のことなのか、それとも主として健康と美と永続性という三つの概念を指向すべきなのか。

第二に、どんな種類の立法が考えられているのだろうか。きわめて重要で、役に立つ措置がすでにとられている。区画整理ができ、土地計画があり――着々と仕事が進んでいて、それについてだれもがかなり満足できる。極端な工場型農業を抑える基準を設けようという重要な動きもある。目にあまるやり方を強制的に止めさせる権限すらある。とはいえ、私が思うには、本当に必要なのはもっと分権化、地方化をすすめる方法であって、現在の状態では役人に管理のすべてを任せるわけにはゆかない。戦時中にあったのと似た委員会を設けて、土地使用者について仲間が判断すべきである。

第三点の誘因はどうだろうか。それを採算に乗せるにはどうしたらよいか、健康と美と永続性が最大の目標、鍵《かぎ》となる概念だとして、それは採算に乗るものであろうか。土地の一部は農業以外の用途に使われるだろうが、大部分の使用目的は農業にかぎられる。この現実に目をつぶって、土地の多目的利用をかたり、農業が採算に乗らないなら農民は観光でもうけられるというのはむだである。観光客が余計な料金をとられ、農業はこの取りすぎ分から補助金を受けとることになるか、あるいは農民の妻たちが観光客に提供するサービスに適正な報酬がはらわれないという形で搾取され、それを通じて農業が妻たちによる補助を受けることになるか、いずれかである。これではこの問題の解決にならないことは明らかである。もちろん、土地の多目的利用はおこなうべきである。そして、そこそこの土地がなければなにもできない以上、いつの世にも土地の多目的利用はある。アパートや工場を建てることさえそれなくしてはできない。ただし、土地の多目的利用は農業を採算に乗せるという問題の解決にはならないのである。

土地の大部分は荒れるに任せるか、それが望ましくないとすれば、農業で活用しなくてはならない。そこで、農業が採算に乗り、正しい農法と適切な土地管理が採算に乗るものでなければならないという事実から逃れられない。「なぜ土地の所有者に手数料を払ってそれを整備させ、われわれ街の人間に週末利用をさせないのだろうか」といわれてきた。まったく、なぜだろう。むろん、多くの土地をもち、それをある程度きちんと美しく保っている人がカネの形で報酬を受けられるよう決めることはできる。だが、結局のところ、誤解してならないのは、これが農民に補助金を出す、多少複雑な理由づけを見つけただけだという点である。したがって、街を根城《ねじろ》にしている文明が土地をそれ自体価値だと認識する気があるかどうかという基本的疑問は答えがでていない。有難《ありがた》いことに、昨今もそうであるように、もし補助金が受けいれられるなら、私見ではそれは使途自由の補助金であるべきであり、土地で働く人々だけでなく、街や村の人にとっての共通の関心事として——土地はそれ自体価値であるという理由で正当化されるべきである。

社会が望むならば、できないことはない。技術的な困難はないし、知識も欠けてはいない。土地の世話を「国がする余裕があるか」に関して経済学者を煩《わずら》わす必要はない。土地の管理、動物の管理、食糧の貯蔵と加工、配送や無用な都市化の面で現在起こっている多くの悪用、乱用の言い訳をするには、われわれは生態学を知りすぎている。だが、社会として現在信も超経済的価値への信念という堅固な基盤も持ちあわせておらず、そうした信仰がないときには、経済学が出番になる。これはどうしても避けられない。それ以外の途があるだろうか。よくいわれるように、自然は、真空を忌《い》む。ある場所が気高い動機で満たされないとすると、それは低次元の経済計算で合理化される、卑小で計算高い生活態度によって満たされることになる。

土地やその上の動物への慈しみのない態度は、不用意な都市化や無用な工業化を起こしたような他の数多くの態度や、新奇なもの——技術的、化学的、生物学的等の——を、その長期的影響が少しでもわかるまでは大喜びで弄《もてあそ》ぶ一種の熱狂癖と関係があり、またそれの症候でもある。土地をいかに扱うかという単純な問題のなかにきっとわれわれの全生活様式が含まれていて、土地政策を本当に変えるには、その前に宗教とまではいわないが、哲学を根本から変える必要がある、と私は信じている。

必要なことは、コストを意識させないで土地を適当に管理する妙案をだれか賢い経済学者につくらせることではない、といいたい理由はここにある。相当のコストがかかるであろう。そして、社会がコストを負担する用意ができるには、超経済学的な価値を認めることへみんなが立ち戻ることで足りるのである。

訳注

〔1〕旧約聖書　創世記　一・三一。
〔2〕同　右　二・八。
〔3〕同　右　一・二八。
〔4〕『スモール・イズ・ビューティフル』第二部第二章。

3 土地投機をどうして止めさせるか

人はだれしも土地の基盤なしには生きられない。人口が増え、人の移動がはげしくなり、生産があがり、貿易が増えると、土地の価格は一方通行の坂道をひたすら登ってゆく（これはインフレとは無関係）。土地を「買い占めた」人は待ちさえすれば金持ちになる。カール・マルクス、ヘンリー・ジョージをはじめ多くの人々が土地投機の愚かさや不公正を指摘してきたが、自由企業体制は投機を止める有効な対策をかつて打ち出したことはない。

土地を国有化せよとの声には反響がゼロであった。理由はそれが私有の代替策として効果があると見る人が少ないことにある。まず、国はいかにして現在の所有者から土地を買いとるカネを調達できるのだろうか。かりに調達できたとしても、土地の国有は自動的かつ不可避的になんらかの形の官僚統制——まさに恐るべき展望である——を意味するというもっともな恐怖がある。

土地投機を止めさせるには、分散している所有権を廃棄しなくてもよい。人間が一枚の土地に直《じか》にかかわることは、本質的に気持ちよいものであるから、所有権を放棄するとなると長いためらいがあろう。土地投機を止めさせるためだけに土地を国有化するのは、煮えたつ鍋《なべ》から火のなかに飛びこむようなものであろう。

土地投機を止めさせるためにすべきことは、いかなる土地所有者も土地の「登録」価格以上のものを受けとってはならないというルールを打ち立てることである。

イギリスの土地には現在時点での一定の価格、たとえば一九七四年九月一日における価格がある。かりに所有者が今それを売るとして、売り手は専門家の助言を得た後、売り値がいくらになるか見当がつくだろう。売り手が死んだら、土地の価格はその遺産の一部として査定されるだろう。イギリス全土の土地価格が確定されたと仮定しよう。これは間違いなく大事業ではあろうが、不可能なことではない。この価格は（一九七四年九月一日現在の）現行区画割りやその他の多くの価格決定要因を反映するだろう。査定価格は地方政府に登録され、「登録価格」と呼ばれる。インフレーションを考慮して、政府は一九七四年九月一日のポンド相場と比較したポンドの指数を公表し、取引がおこなわれるつど、「登録価格」はこの指数にもとづいて調整される。したがって、インフレを考慮した「登録価格」は実質で常に一定となる。将来土地を売ろうとする人は、このインフレ調整後の「登録価格」より高値を得られないことを知ることになろう。土地投機を止めさせるべきだとするならば、これこそが基本的な——ごく単純で、かつ文句なく公正なといいたい——原則であろう。

ところが、区画整理などの変更によって、その価値の上がった土地をだれかが売ろうとしたら、どんなことが起こるだろうか。社会的な力（たとえば区画整理とか「計画許可制」）が働いた結果値上がりした土地が売りに出された場合、地方政府はいつでも最初の拒否権、つまり民間の買い手なら払う価格、競争価格でその土地を買う権利をもつべきである。購入権を行使した場合には、売り手に支払われるのは「登録価格」であり、それを上回る金額は地方政府土地基金と呼ぶべき特別基金に振り込まれる。地方政府が購入権を行使しなかった場合には、民間の買い手が当該土地を買う機会を手にいれるが、買い手はまったく同じく、売り手には「登録価格」を支払い、差額は地方政府の土地基金に振り込むことになる。

そこで、次に「登録価格」はどうなるのだろうか。右記のように高い購入価格が地方政府か民間の買い手によって実際に支払われると、これが新しい「登録価格」になる。換言すると、この「登録価格」は新しい買い手が現実に払った価格（一九七四年九月一日の当初査定日以降の）を下回ることはない。

土地が売りに出されても「登録価格」を支払おうとする買い手がつかないこともむろんあるだろう。売り手と買い手の間の取引は低い価格でおこなわれ、そこでそれが「登録価格」となる。

手短かにいえば、現在の土地所有者と将来の買い手は、土地の所有権を得ることによって思わぬ利益を手にするチャンスは与えられないということである。利益があがっても、それは全部自動的に公共の機関、つまり地方政府の基金に振り込まれる。特定の土地価格が下落するという例外的な場合には、売り手は「登録価格」の入手すらできないかもしれない。ただし、これは土地売買に伴う危険であり、あるいは個人の土地所有という大きな特権に対して払う代価といってよい。

いうまでもなく、このような案には、ここで述べたような単純至極な案であっても、複雑な問題がある。その土地の上の建物や造作《ぞうさく》をどう考えるべきか。私が一枚の土地を手にいれて、多額の出費を負担して道路か家屋かなにかの建物を建てた場合はどうか。その土地を売る際、こうした「改良」に要した支出を取り戻すことができるだろうか。この「改良」は土地の「登録価格」には反映されないであろう。

これは乗り越えられない難問ではない。厳密な査定方法はなく、またありえないにしても、合理的な問題解決の途を見いだすことはできる。査定人は、「更地《さらち》価格（土地価格）」と「建物、造作の価格」を区別することはできる。

以上の提案へのもう一つの反論は次のとおりである。もし人が不要、かつ売っても巨《おお》きな利益をあげられないような土地を持っているときは、売るのを拒んでただ持ちつづけるであろう。となると、社会の必要とする大量の土地がねてしまい、適当な利用に供せられないという反論である。しかし、これは当たらない。強制買い上げをおこなう権限はあるのであって、その権限は伝家の宝刀としてぎりぎりまで行使されるべきではないが、それがあることは社会に認められており、反社会的な行為を抑えるに足りる力である。

私はこの案を考慮していただきたい。これによって土地所有の問題にまさに中道的な解決が得られ、土地投機の問題は全面的に解決されると主張する。この新しい方策は、土地所有者が土地を手放そうとするとき、つまり地主たることを止めるときに、初めて活かされる。地主の大多数はいずれにせよ農民であり、その真の利害や好みからすると、土地投機ほど無縁なものはない。

土地投機が消滅すれば、地方政府が適正価格で土地を取得する力をいちじるしく高めることができるし、この提案によって進行する土地不足から生じる一時的利益はすべて公共のふところに入る。地方政府の土地基金にたまるカネをなにに使うか説明する必要はあるまい。民の豊かさと公の荒廃が現代社会につきまとう罪である。ただし、カネが公共のふところにはいっても、その支出をいかに民主的にコントロールできるかという疑問がのこる。私は土地投機を止めさせる案でこの問題を解決できるとは主張してはいない。だが、もしわれわれが土地投機の廃絶に専念するならば、この提案の批判者たちに「よろしい。この案が気にいらないなら、もっといい案を出してくれないか」と問うことは許されるだろう。

第七章　霊性と非暴力

1　暴力の根源

非暴力は聖人の専売のようにみえる。そして、聖性に向かって努力するのが、男女を問わずすべての人の課題であるのは疑いないが、試練に直面して非暴力を守って動じないほどこの目標に近づいている人は少ない。そこで、暴力と共存することを学ばなくてはならないであろう。暴力を抑える可能性はあるかもしれないが、根絶させることは無理だろう。

暴力への衝動は人間性に組み込まれている。それを抑え、かわし、純化するのが、文明の役割だといってよいだろう。現代文明は確かに日常の人間関係から暴力を追いだしたようにみえるが、それを制圧するどころか、百万倍に拡大させたようである。「原爆」が現代文明を象徴しているからである。不幸なことに、原爆は象徴であるにとどまらず、この地球上の一切の生命にとっての不断の脅威であり、しかも同時に無制限な暴力への意思を生み落とした文明の象徴でもある。「意思」という言葉を使っているのに読者は反対されるかもしれない。しかし、われわれ、またはわれわれを支配する人々が、ある状況の下で原爆を使う意思がないのであれば、原爆保有のためのうんざりする支出などするべきではない。「いかなる状況下でも原爆は使わない」と断言したとき、はじめてわれわれは行使の意思なしと主張できる。だがその場合には、もちろん原爆を持ってはならない。

極限的な規模の暴力を行使する意思を抑えるどころか、現代文明はその意思を現に生んでしまったといえよう。どうしてこんなことが可能であったのだろうか。一つの文明が、人対人の関係という次元では暴力を大幅に抑えながら、その同じ文明が同時に国対国との関係の次元で暴力を最終的に完成させることがどうしてできるのだろうか。

この疑問へのありきたりの答えによると、個人次元での相対的な非暴力は単に警察と「法の支配」のおかげであって、国際的な次元で非暴力を実現する道は、国際警察力をつくり、国際的な「法の支配」を打ち立てることしかない。むろん、この答えに一分の理はあるが、私には事の本質を衝《つ》いているとは思えない。

暴力の根源を探しだそう。もちろん、それは原罪だとして満足する人もいる。もし人間性に重大な欠陥がなかったとしたら、歴史は人類が絶滅するという威嚇《いかく》を「抑止物」とするまでに至る犯罪の歴史ではなかったであろう。この欠陥とは、もちろん普通「罪」といわれる道徳的な弱さと、通常「無知」と呼ばれる知的な弱さの複合である。すべてを「罪」に帰するのは、底の深い知的弱さを暴露するものであり、またすべてを「無知」によるものとするのは、公平さの欠如を告白していて、その原因は大きな道徳的弱さ以外ではありえない。いずれにせよ、これだけでは一般論に過ぎて、われわれの目的には役立たない。

人間は精神と肉体の結合であるから、暴力の根源を肉体と精神の両方のなかに探るのは見当外れではないだろう。事実、これこそが伝統的な道徳哲学が時代を越えておこなってきたことである。西欧には「七つの大罪」の教えがあり、それには三つの「暖かい」罪と三つの「冷たい」罪が含まれ、第七の罪、「怠惰」または「不精」はどちらにも入らない。ドロシー・セイヤーズが言っているように、「俗世間では『忍耐』と自称していますが、地獄での名前は『絶望』です……この罪の内容は、なにものも信じず、いたわらず、愛さず、憎みもせず、目的意識もなく、生き甲斐《いがい》もなく、死ぬ目的もないからただ生きている、ということです」。暴力の深い根源はここにはない。

三つの「暖かい」罪――われわれが「色欲」と呼ぶルクスリア、「暴食」と呼ぶグラ、「怒り」と呼ぶイラのなかで……暴力のもっとも深い根源が潜んでいるのはイラである。「暖かい」罪は主に肉体、別の表現をお望みならば「心」から生まれ、そこで憐《あわれ》みとか慈愛とか愛想がつきたり反感を感じたりする傾向といった強い情緒の力によって暴力は打ち消され、抑制される。現代文明の現段階では、こうした暖かい心から発する罪は、大きな脅威ではないし、また真面目にとる必要もなく、俗悪なものとみなされるだけである。

「冷たい」罪はこれと違う。それらは普通は罪でないどころか、賞賛すべきか、ないしはまったく正常な資質と考えられている。三つの「冷たい」罪は精神から生じるもので、アヴァリティアまたは「強欲」、インヴィディアまたは「嫉妬」とスペルビアまたは「高慢」と呼ばれる。暴力の根はこの三つのすべてにおいてふくらみ、精神の自然な動きのなかにはこれに抵抗したり、これを抑制する力はほとんどない。

大罪という古い教えは、心に発する暴力はじきに限界にぶつかる傾向のあることを認めている。つまり、他の強力な情緒によって抑えつけられるのである。一方、精神に発する暴力には、限度を越え、一切の限界を突破する力がある。ここから、心を軽んじて精神を祭りあげる文明は常に際限のない暴力に落ち込む危険があり、他方精神を犠牲にして心を祭りあげる文明は突然わけもなく残忍さを発揮する危険を含んでいると推論できる。

われわれの文明が思想の「客観性」を最大の成果と誇り、それがだれの眼にも明らかなように、科学と技術の驚異的な達成にみちびいたことには一点の疑いもない。「客観性」という名の精神の能力は、目前の問題を解決しようという意欲以外の、すべて情緒の力を拒否したり、抑圧したりすることにかかっている。これは真理探求欲とか、「探求への抗《あらが》いがたい欲求」（ブロノウスキー[1]）とも呼ばれることがあるが、名前はともあれ、冷たく、心が欠けてよそよそしく、効率本位で容赦もない。純粋な客観性とは、「理性」が心の指示に従わずにはたらくときだけ可能なのである。そこで、恐れを感じることなしにどんな問いでも発することができる。調査探求の対象を感情と感覚をもつものではなく、単なるモノとして扱うことができる。精神だけ使えば、目の不自由な人を「客観的に」研究して、まるで目の見えない機械人形のように描写することができる。心を使うならば、自ら主観的に失明の感覚を実感しようとして目を閉じるだろう。

精神から発する暴力、三つの「冷たい」罪から生まれる暴力には、被害者の経験に主観的に加わることなどまったくない、客観性のもつ力がある。この暴力は死刑宣告に署名するとか、大陸間ミサイルを発射するのに似ている。「客観的」におこなわれればおこなわれるほど、それは容易になる。純粋な思考からそれは出てくるからである。

思考とは行為よりはるかにかろやかで、自由であり、迅速でもある。決してするはずがない行為も考えることはできる。思考から言葉、さらに行為へという論理的な繋《つな》がりは、身体化ないしは実体化の増大過程、精神から肉体への、「冷たさ」から「暖かさ」への、見えないものから見えるものへの、ないしは客観性から主観性へのといってもよい、移行である。個々の人間の場合は、魂と肉体、つまり彼の主観性がその精神、思考、客観性ののさばりを抑えたり止めたりする、機会やさらには蓋然性《がいぜんせい》がいつも存在する。ところが、組織や組織化がはいってくると、この移行の鎖は断ち切られる。ナンバー・ワンが思想をいだき、ナンバー・ツーが指令をだし、ナンバー・スリーがそれを実行する。かりにナンバー・スリーの行為が嫌悪すべき暴力行為だとすると、だれを非難したらよいのだろうか。だれが責任をとるのだろうか。もちろん三人全部に責任があるが、それは後の人ほど軽い。

それなのに、実際的、実証的で客観的な現代文明は、目に見えるものだけを見、評価して、責めは後の人ほど重く配賦《はいふ》するようにみえる。行為者であるナンバー・スリーが責任を負うべき人とされる……他の人々は単に思いついたり、口にしたりしたにすぎない。

したがって、われわれはアイヒマン（ユダヤ人を絶滅収容所に送りこんだ元ナチの中佐）を化け物と考えたがるが、実は彼がごく普通の男で、客観性の訓練をうけた、弱くて小さい男、暴力に駆りたてる「暖かい」悪徳はもたない人間、蠅《はえ》一匹殺せない人間であると知る。彼の行為は心ではなく、精神のごく簡単な規則――ある種のやり方でプログラムされたコンピュータのように、感情の束縛を受けない客観性の規則――によってコントロールされていた。

アイヒマンの現象が実証しているのは、冷徹で、客観的な思考はつねに過ちを犯す可能性があり、心という抵抗力を失わせるので、無制限な暴力をひき出すということである。心を軽視する文明、科学主義、実証主義や合理主義という形での客観性を偶像視し、どんな決定でも感情の介入を排しておこなうべきだとする観念に従ってすべての教育がおこなわれている文明は、どうしても無制限の暴力の危険に身をさらすことになる。

現代文明の特徴は、人間の活動の全分野で見てとれる。経済学と「高い生活水準」の追求を取りあげてみよう。心からの促《うなが》しはみんな感傷や現実感覚の乏しさとして排除されてしまう。利潤ではなく人間を考慮するのは「不経済的」なことである。現在を見る自然で真剣な目で未来を眺めることは、体系的に未来を減価する「DCF法」[2]の理論によって否定される。そこから「自然」のとどまるところを知らない搾取と破壊――「明日のことは思いわずらうな」[3]という聖句の歪《ゆが》んだ実行――が起こる。

経済的な営為による暴力が、色欲、暴食や怒りといった「暖かい」罪、つまり主に肉体――か心――から発するときには、そのなかに自己抑制の原理を含み、「これで十分です」ということができる。ところが、それが強欲、嫉妬や高慢といった、「冷たい」罪、いわば客観性に鍛えられた精神から発する場合には、自己抑制の原理も「十分」の観念もなく、青天井である。到達ずみの豊かさの水準が高ければ高いほど、さらなる「成長」への幻想は増長する。

「自然と宇宙の征服」、「探求への抗《あらが》いがたい欲求」、際限のない経済発展等々――これらは暴力の概念である。非暴力の概念は「生命への畏敬」、宗教的な「賛仰」、謙虚さ、踏みとどまるところを知るという意味での節度、そして抑えがたい正義への意欲、である。前者は心の舵《かじ》を失った精神から生まれ、後者は精神をコントロールできるほど強い心から出てくる。

世界を破滅させつつある暴力は、未発達な心による規制をはずれてはたらく、膨《ふく》れきった精神から生まれる、冷めた、計算高い、冷徹で、心のこもらない、寛容さに欠けた暴力である。自分の思想を心で感じることがなく、ただそれを抱いているだけの人、心の主観性を無視して精神の客観性を鍛えてきた人は、無制限の暴力を振るいながら、一方であたまにきたり、色欲、暴食や怒りといった「暖かい」罪を犯すことは決してない。彼は、人格の発達が遅れているために暖かい心の罪を犯してしまう人々を眺めて、その卑俗と非合理性を嘆き軽蔑する。彼はすぐれて理性的である。彼にとって確実なことは自分の死だけであり、客観的にみれば、その死は世界の消滅と同義である。彼は自己中心主義と潜在的な暴力の頂点に立っている。純粋理性は自己崇拝しか知らず、心だけが犠牲の観念をもちうる。

現代文明は、「英知」の泉である心の教化に再びとりかかってはじめて生き残れる。現代人は英知なしで生き残るには今やこざかしくなりすぎている。

訳注

〔1〕ブロノウスキーは英国石炭公社でシューマッハーと並んで顧問をつとめた。『わが父シューマッハー』第十九章参照。

〔2〕DCF法（discounted cash flow）とは投資決定の理論の一つで、「投資にともなう現金流出額の現在価値と現金流入額の現在価値を等しくさせるような割引率の大きさを評価基準とするもの」（経済学大事典）。

〔3〕新約聖書 マタイによる福音書 六・三四。

2　アジアのディレンマ

以下私が記すディレンマは、近代ヨーロッパが古いアジアに与えた衝撃によって起こった。この衝撃は、必然的に最大規模の危機を生んでいる。なぜならば、近代ヨーロッパは、アジアが何千年の間聖なるものとみなし、そこから思想と生活の養分を汲みとってきたすべてのもの、実にアジアそれ自身のものすべてに異を唱え、それを破壊しようとしたからである。

だが、対立は西と東、西洋と東方（オリエント）の間にあるのではなく、近代的な生き方、いま欧米を支配している歴史上の特殊な「偏向」と、東方世界に微《かす》かながらも生き残っている伝統的な、ないしはまっとうな生き方との間にある。ルネッサンス以前に生きたわれわれの先祖がもし今日突如復活したとしたら、西ヨーロッパやアメリカよりも古代東方世界が残っている場所のほうがきっと寛《くつろ》げるだろう。

アジアのディレンマとは、霊的なディレンマである。なぜならば、その霊的価値や成果のすべてが危殆《きたい》に瀕《ひん》しているからである。私がこういうとき、霊的なものを「実体」と考えている。

歴史を通じてだれもが提起してきた基本的な問いは、「人間とはなにか」ということである。そして、人類の普遍的な伝統の答えでは、人間とは霊と魂と体の複合体である（人によっては、「魂と精神と体」というだろうが、私は上記の表現をとる）。ときには霊と魂を区別する力を失って、人間を単純に体と魂の複合体とみる。このとき、人はあと一歩で魂すら失う危険がある。なぜなら、体と魂はきわめて深く関連しているので、両者が同じものの両面にすぎないと論じることも容易だからである。

どんな文明社会にも、ときにはこうした単純化への傾きがみてとれるが、それは通常すぐに克服されて忘れられる。唯一の例外が近代欧米である。これ以外の文明は主として霊の問題に関心を寄せているか、かつて寄せていた。霊は心身一体の道具を具《そな》えた、神聖で、一般的に不死の要素、身体化された魂、ないしは魂のはいった身体とみなされた。

当然のことながら、神聖で不死の要素というものがあるとしたら、それはその要素の道具である魂＝身、つまり独立性がまったくなく、絶えず変化し、明らかに死をまぬがれないものよりずっと重視される値打ちがある。したがって、生命はすべてはじめから終わりまで唯一の「真実」としての霊を軸にくり広げられ、身体と魂、この二つにかかわる一切のものは、相対的には真実ではないものとみなされる。

ヨーロッパにおいては、過去約三世紀の間にこうした見方から逸《そ》れてしまった。近代欧米は霊の問題ではなく、物質の問題に気をとられている。とはいえ、霊への関心は少しはのこっている。「霊的」という形容詞は、尊敬を集めている哲学の一派が無意味だと教えてはいるものの、言葉としてはなお存在している。

「霊」という観念を真面目にとるとなると、今日では流行おくれの結論に達するほかない。霊の問題が「真実」で、しかもはるかに重要であり、身体と魂にかかわる事柄は、身＝魂が霊の道具――工員の工具の役割がその使用者に左右されるように――であるからこそ、相対的に真実（つまり若干真実味のおちる）なものだと考えるならば、そしてもしこのことを信じるならば、アジアがまきこまれているのが単に政治・経済の危機ではなく、「霊的危機」そのものであることがわかる。

これを信じない人、人間が進化の過程で偶然に生まれた、賢い動物にすぎないなどと考える人は、残念ながら本節の中に同意できる箇所は一つも見いだせないであろう。彼らにとっては、霊が存在しないのだから、アジアの霊のディレンマであれ、だれのであれありえないからである。

なぜ「霊のディレンマ」を語るのか、と彼らはいう。近代的知識と古くさい誤り、進歩と反動、先進と後進の間の闘いがあるだけではないのか。これが四六時中多くの場合善意で発せられる問いである。近代欧米は遅れた東方を助けなくてはならない。富者は貧者を助けなくてはならないからである。もちろん、われわれはアジアに敬意をはらうべきである。アジアに敵意を抱かせる優越感をもってはいけない。しかし、事実近代欧米には答えがあるのにアジアにはない以上、われわれのほうが上である。もちろん、欧米人は（今私が述べたような）こうした考えをもう昔のように口にすることはないが、今の新たな謙虚さは、私にいわせれば、われわれが事実上自分の最新の成果以外に本当に値打ちのあるものはないという考えを持っている以上、偽りの謙虚さである。手短にいえば、欧米人は依然として「文明教化の使命」があると信じていて、この点で欧米優越の信仰を自分たちより無批判的に強くもつ欧米かぶれの東方の人々の大多数の支持を得ているのである。

この「進歩的な」意見に反対して私が主張するのは、霊のディレンマは存在し、アジアで破壊されているのは、誤りや反動や後進性だけではなく、なにものにも換えられない遺産が破壊され、代わりにわれわれ――とアジア人――はつまらぬものと無秩序をもちこんでいるということである。

この遺産を表面的にでも理解するのは、二、三の根深い偏見を念頭から捨てないかぎり、不可能である。第一の偏見は、前に述べたが、白人種が他の人種に優《まさ》っているという暗黙の思い込みである。純然たる物質面では確かに優っているが――これとても最近の現象で、すでに崩れつつある――、別の面でのいちじるしい遅れによって今日この優越は覆《くつがえ》されている。第二の偏見は、現在の白人が過去何代もの白人より優れているという暗黙の信じこみである。それは根が深く、その結果一切の合理的な反論を抑えて生き延びている。それは子供たちが学習をはじめる瞬間からたたきこまれる。たとえば、「もちろん、大昔には人々が知らなかったことだ」とか「考えてごらん。このことは何百年も前にもう知られていた」等々である。これら二つの偏見を支え、強めているのは、これに加えて現実の体験が少なくなっていることである。物質の世界だけが現代欧米人にとって現実であり、確かにこの面では先祖にも現代の有色人種にも立ち優っているので、彼らの欠陥そのものが優越感を助長する。

　欧米人の大多数は霊の現実との接点をすっかり失ってしまったが、それでも多くの人がまだある種の疑似キリスト教を信じており、その結果信者はもっとも悪質な第三の偏見を抱くことになる。その偏見とは、キリスト教が唯一の宗教で、キリスト教徒以外はみな偶像崇拝にどっぷり漬かった異教徒だというものである。アーナンダ・クマーラスワーミがいうように、「非キリスト教徒の目から見ると、近代キリスト教の、際だった、そしておそらく唯一の異教性は、キリスト教が唯一の真理だという主張である。なぜなら、その主張は『つねに証《あかし》のある』神に叛《そむ》くことであり、ペテロのキリスト否定に匹敵することだからである。異教徒の友に向かって『あなたの内なる光が暗い[1]』という人は、友をつまずかせることで光の父をつまずかせるものである[1]」。他の宗教に対するキリスト教の寛容すらも、侮辱以外のものでないことが多い。「人に向かって『われわれはみんな同じ神に仕えているのだ。あなたはあなたのやり方で、私はキリストのやり方で』というほど、悪しき寛容はない[2]」

　これらの三つの偏見は互いにかなり重なりあっている。物質世界だけを真実とみる人たちには、あらゆるものが近代欧米の優越を証《あか》しだてている。宗教を世の中で真実で重要なものとみる人々は、自分のキリスト教が正しいだけでなく、世界で唯一の真実な宗教だという驚くべき主張によってその優越感を正当化できる。となると、アジアがまもるに値するもの、ないしは世界全体がまもるに値するものを、アジアは提出できるのだろうか。三つの偏見を考えると、答えは一つ、何もない、である。ぜひ、すこしでもいいから神秘と光輝をたもってほしい。それが観光の目玉となるだろう。それ以外はいらないというわけである。

これが多かれ少なかれ公式の態度である。世界銀行元総裁のユージン・ブラック氏は、「経済開発の時代」についての講演で次のようにいっている。「われわれが話題にしているのは、社会全体を改革して、時代が変わって無残なほど不十分となった伝統の代わりに、新たな伝統を創造することである」。では、この「新たな伝統」とはなにか（この表現は一部のアメリカの大学当局が、学生はすべて今後これこれの服装を着用すべしとして、「この伝統は明日十時からはじまる」と発表したという話を思い出させる）。このことは経済学という名の宗教を、留保もなしに受けいれることを含意している。むろん、ブラック氏はそう名づけてはいない。彼がいうには「人々は多忙を理由にイデオロギーをあまり真面目にはとらないものと期待できる」。氏によると、人々が近代欧米を模倣するのが望ましいが、それは「今日の欧米世界が最高の物質生活水準とともに、民主主義と自由を享受している理由が主としてイデオロギーをあまり深刻に考えないことに……あるからである」。手短にいえば、経済だけを配慮すればよく、ブラック氏はそれを容易にしてくれる。つまり「経済学の言葉を……道徳と無関係にする」のである。経済だけを考慮することもまた一つのイデオロギーであるなどと考えてはいけない。だから「経済学の言葉からイデオロギー色を拭《ぬぐ》い去り、それによってその言葉をより高い生活水準を達成するという目的とだけ関係づけようとつとめる」というわけである。

　社会をまるごと変革しようとするこの試みは、謙虚さとはまったく無縁である。それはあまりにも根深く懐疑をしらぬ優越感にもとづいているので、現実の生の苛酷な経験をもってしてもそれを揺るがすことができない。ブラック氏は発展途上国に言及していう。「経済開発とは不思議なほどかわりやすいものである。今でも人間の欲望を満たす手段を提供するスピードよりも早く欲望そのものを喚起してしまう」。それならば、対策全般を見直す必要があるのではないか。いやいや、とブラック氏はいう。「経済を開発すると、発展途上国には処理に困る問題が残ってしまうが、それを解決できるのは開発をすすめることだけだ」（傍点は筆者）

　この意見を優れた銀行家であるブラック氏個人の見解とみるのは著しく公正を欠くだろう。これは近代欧米の有力意見の代表例であり、いわゆる発展途上国において欧米の援助が作り出したイメージを正確に描写している。

　これは極度に侵略的なものとなりうるイデオロギーで、その誘惑はきわめて大きい。デューク大学のドナルド・デューイ教授は、それを是認して次のように述べている。「効率と進歩の重視は、時間当たり生産性の引き上げをさまたげる宗教上の一切の制約を非難するという意味で常に世俗的であった。それは、幸福な農民層や文化の担い手である有閑階級を維持するために国民所得を犠牲にしないという意味で、ロマンティックではない。それは、幸福を救済よりも緊急を要する――価値が上とはいわないが――目標とみるという点で、物質主義的である。そしてなによりも、それは富が増えれば人間の幸福の総量が増えると考える点で、楽観的である」

この呆《あき》れるほど野卑な言葉は、非常にバランスの欠けた状況の反映で、ルネ・ゲノンの「西欧文明は化け物とまではいわないまでも、一つの異常である」という厳しい評語の正しさを証明している。インドの傑出した大統領の故ラーダクリシュナンが「文明が現在の土台の上で続くのであれば、救うに値しない」という結論にたどりついたのも、もっともなことである。それでも、それは最高の誘惑であり、選ばれた者さえ腐敗させかねない。

この百年間アジアの精神界の指導者の間に、近代欧米の誘惑の攻撃に抵抗するのはむずかしく、長年蓄積された伝統文化の宝をまもるのは困難となるかもしれないという思いが募ってきた。そこでこれまで篤志家しか見ることのできなかった聖典が、西欧の学者に開放され、彼らはそれを翻訳し、解釈するために莫大なエネルギーを投入した。十九世紀にはこの翻訳や解釈の大部分が当時ヨーロッパを支配していた粗野な物質主義の精神に深く染まり、ねじまげられてしまったので、東方の教えの微妙さや高い質を伝えることはとてもできなかった。ところが、その後多くの欧米諸国の、数こそ少ないが熱心な人々が、言葉を学ぶだけでなく、教えの神髄にまで参入したのである。

そこで、なにを見いだしたのだろうか。見いだしたのは、この文化が何千年もの間、人間存在のなかの善をまもり、伸ばし、悪を弱め、抑えよう、プラトンがよくいったように真善美をあらゆる方法で促進しよう、ただし第一に英知によって救いを得よう、としておこなってきた戦いの結実であるということであった。これは役に立つだけの、事実に関する知識ではなく、「人を自由にする知識」である。これは理性の力を発揮しただけでは得られず、人格の総体、身体と魂と霊を使ってはじめて得られる。この知識はヨーロッパがかつて手にしていながら——どんな人でもこれなしでいられない——次々に拒否し、今や消滅してしまったものである。アーナンダ・クマーラスワーミを引用しよう。「今日の『現代風』で個人主義的な哲学者は別として、それを理解するには体験が必要であった一種の宗教ともいうべき哲学を説いた哲学者たちの偉大な伝統だけを考えるならば、東と西、あるいは同じことに帰するが、北と南の文化の差異は、せいぜい方言の差で、使う言葉こそ違え、同じ思想をしばしば同じ慣用句で表現しながら、基本的にはすべてが同じこと、同じ心の言葉を語っていることに気づくであろう。別な表現をすれば、異なる文明の基礎にある基本的な思想について、耳で聞くだけではなく目でも見える一つの世界語がある」(3)

この世界語はアジアでは今も生きている。西欧かぶれの役人が騒がしいおしゃべりをしているものの、偏見を捨てて学ぼうとする人々の耳にはそれは届いている。近代化と工業化は伝統的な生活様式を一掃しきってはいないので、「バランスのとれた」文明が本当はどういうものかを実生活のなかに見てとることができる。

近代文明の基礎は、「パンによるだけではない生き方を試みた人のいたことを学識ある人々さえ忘れる」ほどのものだと言われる。(4) しかしアジアのいくつかの場所では、現にこの試みが西欧化の「滅びの手」で汚されていないことが見てとれる。「正しい生活」、職人芸の誇り、美と品位が——欧米の基準に照らせば暮らしは貧しいが——まだある。男も女もだれでも芸術家になれ、創意工夫で正しい知識を身につけるような生活様式、そしてまたすべての本物の知識が尊重される生活様式がまだ生きている。ゆるぎない模範的なキリスト者であった故ジョージ・バードウッド卿は、インドでそうした社会を目にして「そんな理想的な秩序はつくれないものと考えていたが、それは今も依然として存在していて……インドで日常的に機能しているという生きた証拠によって、神官的文明が世俗的で歓喜のない、虚《うつ》ろで自己破壊的な欧米文明に疑問の余地なくまさっていることを教えてくれる」(5) と語った。

霊的なことへの本当の関心と知識とが、外的生活の「理想的な秩序」といったものを生みだしうること——実はそれがそのような秩序の絶対的な前提条件であることを近代精神は理解できない。「まず神の国を求めなさい。そうすればこれらのものはすべて添えて与えられるであろう」——この言葉はキリスト教の信者と自称する西欧になんとよく知られていながら、またなんと徹底的な反論を受けていることであろうか。事の真実は、われわれがこの二つの途を二律背反、つまり神の国と神の義を求めるか、それとも「すべてこれらのもの」、換言すれば秩序、福祉、安寧や幸福を追求するかの二律背反としてしか見られない、ということである。先のアメリカの教授の発言にあるように、「幸福は救済より緊急を要する――価値が上とはいわないが――目標であり」、そこで「時間当たり生産性の引き上げをさまたげる、一切の宗教上の制約」を非難することになる。ところが、アジアに目を向けると、知識と英知の生きた伝統があり、それは「抑制」、「欲望」のコントロールと克服、「解脱」にもとづいた、日常生活の実践をも含んでいるのである。ジョージ・バードウッド卿が約七十年前に見いだした「理想的な秩序」がまだ存在していると示唆するのは誤りであろう。だが、その痕跡は長年の英知とともに依然として残っている。言葉と理論だけではなく、何百万人の人々の生きる力として、今日「ノウハウ」がまだあるといえよう。

さて、霊のディレンマに気づかれただろう。旧秩序は崩壊し、それがとてつもない貧困を生んだ。今や近代欧米が発展させた新秩序が眼前にあり、それによると、貧困は思いきって一切の旧《ふる》い伝統と絶縁することによってのみ克服できるものであり、またアジアの貧困の原因は、理想に近い秩序が崩壊したからではなく、逆にその秩序の一部が生き残っていることによるのだと主張される。

アジアの貧困というきびしい現実は、むろん否定したり軽くみてはいけない。とはいえ、伝統社会には大衆のみじめな貧窮しかなかったと考えるのは大きな誤りである。これが歴史をまったく歪める、近代の偏見の一部をなしている。現在の貧困は、何千年ものアジアの歴史のなかで常に存在したものではなかった。むしろ、それはまったく例外的なものであり、圧倒的な物的な力だけでなく、ほとんど抵抗しがたい誘惑の輝きをもって到来した、欧米の「滅びの手」のなせる業によるところが大きい。それは、霊の面から始まり、今や物的な面でだれの目にもつく衰亡の長い過程の結果なのである。

「なにかしなければならない」ことを否定する人はまずいない。だが、なにをすべきなのだろうか。先に引いたユージン・ブラック氏は、西欧化は処理に困る問題を生んだが、西欧化をさらに進めること以外に解決の道がない、という意味のことを述べている。いっぽう西欧化は処理に困る問題を発生させたが、必要なことはアジア自身の、地場の文明の原則への回帰であると結論する人もいる。これは、物質的な改善を求めるグループといわゆる霊的価値を守るためには物質的な改善はいらないとするグループとの間の意見対立ではない。そうではなくて、どちらも物質的な改善を求めているのである。まともな霊の教えは人々に物質面の条件を無視して貧窮に生きるのを強いたりはしない。飢えている人々に宗教行事ではなくパンを求めさせているのは、霊的価値を否定しているからではない。前記のように、どちらのグループも物質的な改善をもとめており、一方が欧米方式、つまり伝統と霊を無視する途をとればそれが達成できるとするのに対して、他方のグループは物質的改善は伝統的な生活形態を近代的に回復してはじめてできるとする。裏側からいえば、前者（断然声の大きいほう）は「経済開発は、霊的な伝統と関心を捨て、『経済学という宗教』を信じないかぎりありえない」といい、後者は「霊的な伝統と関心を強め純化しようとしないかぎり経済開発は不可能」と主張する。

この二つの相争うグループが頭に思い描いている経済開発の型とかパターンが同じものではないと私がいっても、読者には意外でないだろう。一つは近代型、欧米型、もう一つは非常に古い土着の伝統に根ざすものである。前者は量を重んじ、後者は質を重視する。前者は消費から得られる満足を主に問題とし、後者は生産者としての人間の品位と創造性に関心をもつ。前者は労働の質を落とした後でそれを回復しようとつとめる。後者は労働の質を高めてそれを自在に使う。いずれの場合も、決定的な問題はどのように開発の過程を始めるか、である。欧米化論者の側が手にしている切り札は、彼らには計画を立て――たぶん――必要とあればそれを力ずくで実行に移すことができることである。だが、その主たる弱点は、人々の間に根を下ろしていない計画では、人々の支持を得て本当に彼らのためになる成果をあげることはとてもできないという点である。

私の見るところ、ここにインドのディレンマがある。計画どおりに事が進んでも、本当の実りがない。第二のグループは土着の英知にもっと敬意を払っていて、結局は自助だけが効果があり、それを国中に押し広げることで成果を百万倍に増やすことができると主張する。彼らは、つねに欧米の偏向から逃れられない中央計画に本能的に反対し、無組織の、自由な、計画なしの、予想外の、民衆自身や村々から生まれる自然発生的な成長に依存しようとする。だが、自然発生的に出てこなかったら、どうなるのか。民衆が努力するのを空しく待つことになろう。そして、インドのヴィノーバ・ベイヴのような大聖者でも民衆を建設的な仕事へ向けて、少なくとも望むほど早く勇気づけ、奮起させることはできまい。

これは永遠の課題であり、私にその答えがあるとは主張しない。もし正解があるなら、事態はすべてとっくの昔に解決されていたろう。創造力に溢れた個人によらずには何事も成就されたためしはない。ただし、個人だけでは何事もできない。個人はどうしたら受身の多数者の支援と協力を得られるだろうか。自発性と自由を基礎にしないかぎり価値ある仕事は成就できない。ところが、受身の多数者は、受身ゆえにまさにこの自発性を欠き、強制がないと動こうとしないのである。

私の見るところ、この逆説的な問題を解決しうるのは二つの力しかない。大苦難か大英知である。中国は満洲国が崩壊して以来、甚《はなは》だしい苦しみを味わい、その苦しみが大衆を指導する男女の鉄人「幹部」とその指導を進んで受け入れる大衆を生んだ。インドには偉大な英知があるが、それは実を結ぶだろうか。インド知識人の多くが苦難を避ける途は英知の放棄であると思い込んでいるのは悲しむべきことである。

その英知の欧米にとっての価値について付言しよう。それには、ルネ・ゲノンの著書へのマルコ・パリスの序言を引くのが最善であろう。

欧米の状況は（中略）気が散ってランプの火を絶やしてしまった、思慮の浅い乙女に似ている。ランプに聖火をまた灯《とも》すには、火はどこでもつねに同じであるのに、彼らは思慮深い同僚の、火のついたランプにたよらなくてはならない。ところが、点火されても、彼らのランプは相変わらずまた人の火をかりるほかないのだから、なによりもまずなすべきことは、自前の油でうまく灯しつづけることである。[2]（中略）あるヒンドゥー教徒がどこかに、欧米人が東方を理解できないのは、自分自身の聖者や福音書すらの深い意味を見抜けないでいることとむすびついている、と書いている。裏からいえば、東方の伝統の本質を真に身に付ければ、欧米人にとってキリスト教の核心にある精神を把握しなおすうえで役に立つといえよう……。

欧米人にとって伝統的な教えについての正しい知識が、多くの人々が恐れつつも防ぐ力のない差し迫った災厄を、内奥の再統合と言葉の真の意味での改革によって、逃れる唯一の有効な方法であるのなら、東方の人々にとっても、その知識は地盤固め、自己の再生、独立や想起のための不可欠な手段である。

「すべての文明は衰え亡びている。その衰亡の仕方が違うだけだ。東方の衰亡は受動的、欧米の衰亡は能動的である[6]」。「東方は真理の上に眠っており、欧米は過誤の真只中に生きている」。いちばん助けが要るのはだれだろうか。疑いもなく、欧米である。なんとなれば、いつ世界をぶちこわすかもしれない悪魔的な力の意のままに突き動かされているからである。個人主義、自由と民主主義の名において、欧米は人間性の悪しき性質に対する闘いを放棄し、善をおこなおうとするときでさえまったく原則がない。

インドと中国の英知に真に触れることは、個人として高い価値があるだけではなく、全面的な崩壊を避けるために政治面、経済面でなにをなすべきかを見いだすまたとない機会でもある。アジアにも欧米にとっても霊的なディレンマなどない。あるのは誘惑である。両者にとって神に仕えるか富の神に仕えるかの選択肢がある。これを貧困か富裕かの選択と同じだと信じるのが近代の誤謬《ごびゅう》の一つなのである。そうではない。一見そう見えようとも、富の神に仕えることの報酬とは、長く続く繁栄ではなくて、大災害である。永続する地上の福祉をもたらすのは、神――アジアでは真理であろう――に仕えることだけなのである。

原注

（1）*The Bugbear of Literacy*, p.49.
（2）同右　p.48.
（3）同右　p.78.
（4）同右　p.7.
（5）同右　pp.80-81.

（6） Schuon, *Perspective*, p.22.

訳注

〔1〕新約聖書　マタイによる福音書　六・二三。

〔2〕同　右　二五・八。

3　宇宙からのメッセージ

われわれの「環境」とは、宇宙からわれわれ自身を引いたもの、といえるであろう。今日環境がおかしいと感じられるとすれば——その結果環境大臣にその保護を求めるまでに立ち至っているが——、批判の対象は宇宙そのものではなく、われわれが宇宙に与えている影響である。この影響がしばしば二つの有害な結果を生んでいる。第一は自然美の破壊で、甚だしく進んでいる。第二は「生態系のバランス」、あるいは生物環境の健全さと生命維持力と呼ばれるものの破壊で、これは前者よりひどい。ここでは、第二の問題、つまり人間を取り巻く生きものの世界への影響を主として話題としよう。

ここでいう「われわれ」とは一体だれのことだろう。人間一般のことであろうか。世界の人々全体のことであろうか。個人としてのすべてであろうか。いや、そうではない。大多数の人は今日でも生物環境に深い傷を与えたり、世界の資源を激減させたりせずに暮らしている。それは伝統文化の中で暮らしている人々である。われわれは通常彼らを世界の貧民と呼んでいるが、それはわれわれが彼らの文化をさしおいてその貧困を見るからである。彼らの多くは、もっとも貴重な宝、すなわち崩壊の一途の、固有の文化を失いつつあるという意味で貧しくなっている。わずかばかり豊かになる反面でますます貧しくなっている、といえる国もある。伝統的な生活様式を捨て、近代欧米の生活様式を取り入れるにつれて、彼らもだんだんと環境に有害な影響を与えている。

それはともかく、宇宙船地球号を危険にさらしているのが、世界の貧しい国に住む多数の人ではなく、世界の豊かな国々の、数では少ない人々であるという事実は残る。環境、特に世界の資源や生物環境に対する脅威は、豊かな社会の生活様式から生まれるのであって、貧しい国のそれからではない。貧しい社会にも金持ちがいるが、彼らが伝統的な文化を守るかぎりは、よしんば害を及ぼすとしても知れたものである。環境への害が出てくるのは、彼らが「欧米化」されたときにかぎる。これで問題が少々込み入ったものであることがわかる。それは単に豊か貧しいか――つまり金持ちが害を及ぼし、貧乏人は無害だということではないのである。それは生活様式の問題である。ある貧しいアメリカ人がある富んだアジアの人よりも生態系への危害を余計及ぼしているかもしれない。

「生活様式」の意義を把握するのは容易なことではない。われわれのもっとも基本的な態度と確信というものは複雑なもので、言葉をかえると、それは形而上学ないしは宗教なのである。極端に単純化していえば、それはわれわれがなにを自分たちの必要物とみなすかという問題である。たしかにわれわれには多くの必要物があり、物的なものと精神的なものに分けられる。物的必要物は、およそ物的なことがそうであるように、明らかに無限ではない。ところが、精神的必要物は、ある意味では限界がない。それは「現世」を超えるからである。

「人はパンだけで生きるものではなく、神の口から出る一つ一つの言で生きるものである」といわれるとき、それは単に一片の説教ではなく、事実の陳述なのである（旧約聖書「申命記」八・三参照）。

ほとんど全面的に物的な進歩に注意を注ぐ文明――ほとんど全面的にというのは、それ以外の関心を全部捨ててしまうと、生き残れないからである――、そのような文明は、科学・技術の進歩につれて、物的環境への負荷をたえず増加する生活様式をおし進めてしまう。「現世」を超えようという欲求をとり上げよう。「人はパンだけで生きるものではない」と了解している人は、礼拝、祈りやさまざまな精神修行に多くのエネルギーを注ぐであろう。物質主義の文明は、月旅行とか、広く宇宙旅行によって「現世」を超えようとする。資源と環境への影響の点で、前者の途は後者よりずっと浪費的でないことは明らかである。

環境に対する昨今の関心は、数多くの報告に現れている。二つの代表的な準公式報告、「自然資源：生き残りのための力」と「公害は厄介物か天罰か」を例としてあげよう。いずれの文書も深い懸念の言葉で満ちている。「価値転換」の必要が何度も説かれている。公害に関する報告書はできること――そしてすべきこと――を二つ挙げている。

第一に、われわれの実状（著者たちは明らかに現在認識が不十分だと感じている）をできるかぎり広く理解すること。第二に、現在のシステムに縛りつけられているわれわれの想像力を解き放ち、二十世紀の工業文明は人類が自由に選びとれる多くの可能性のなかの一つにすぎず、しかもかならずしも最善のものではないことを理解すること。

望むらくは、著者たちがその考えを一歩進めて、明らかに全世界を征服しつつあるわれわれの文明がなぜ「かならずしも最善のものではない」のか、また他の「多くの可能性」とはなにかを説明してもらいたい。ところが、説明はない。著者たちは「新たな価値」を望んでいるが、われわれの現在の価値のうちどれを捨て、どこに新たな価値を求めるべきか、またある価値を捨て新たな価値を確立するにはどうしたらよいのか、語っていない。二つの報告書の勧告は、もっぱら技術的か行政的な性格のもので、調査と研究をさらにおこなうようしきりに求めている。その助言が全部完全に実行されたとしても、それで「新たな価値」や、著者が「二十世紀の工業文明」と呼ぶものといちじるしく異なる「システム」が生まれるとは考えられない。

近代の欧米型生活様式は、その実施がむろんまだ完璧からはほど遠く、数多くの技術的欠陥があって、それは取り除けるし取り除かねばならない。だが、環境問題や環境上の危険を惹起《じゃっき》しているのは、この欠陥ではない。それは悪化の要因ではあろうし、さまざまな面でのいわゆる「生活の質」を落とす効果をもち、まったく不要な損害やどうしても許せない無駄使いを生むかもしれない。だが、これらはまったく瑣《さ》末事《まつじ》である。前記の報告書の一つがはっきりと認めているように、「これらの措置は……先進技術社会が価値転換の機会をもち、政治目標を切りかえるための時間かせぎである」。時間かせぎに大きな努力をはらっても、その時間をどう使うのか考えがないのでは、話にならない。

二つの報告書を見ると、著者たちが教育――職人芸、余暇の創造的な活用、よき隣人関係、上手な暮らし方やよき家政のための教育――を内心信じているのがわかる（「生き残りのための力」）。公害に関する報告書は「社会の教育と知識がすすみ、その結果公害が抑制され、世界の人口と資源消費が永続的で持続可能な均衡へ向かって進んでほしい」という。疑いもなく、広い意味での教育は変革の真の担い手であり、今日それを社会の一切の問題の、いわば、最後の解決策とみる傾向が広がっている。しかし、教育とは人々が問題を理解し、なんとかして問題と共生するのを助けるだけのものか、それとも基本的な見方と願望を一変させて、そもそも問題が起こらないようにさせるものなのか、それを問わなくてはならない。教育で問題を解決するのには、教育者は原因を知るだけではなく、対策を知っていなくてはならない。問題があるとだけ教え、それに慣れさせるだけならあまり役に立たない。

教育の分量は増えつづけているが、公害も資源の枯渇や生態系の大災害の危険も増している。われわれが救われるのにもっと教育が必要なら、それは幾分とも違った種類の教育でなくてはならないだろう。つまり、物事の本質を教え、表面的な徴候と次から次に闘うことで消耗することのないような教育である。

環境悪化が提起する問題は、一義的には技術的問題ではない。もしそうなら、技術の先進社会でそれがもっとも深刻な形で起こるはずはなかったろう。原因は、科学的ないしは技術的能力不足や科学教育の不十分、情報不足とか訓練された人員の不足、あるいは調査研究資金の不足のいずれでもない。原因は現代世界の生活様式にあり、それはまた現代世界の基礎的な信条――いうなればその形而上学、あるいは宗教によるのである。

人間の生の全体は、われわれと環境の間の対話、一連の問いと答えといえよう。われわれはその行動で宇宙に問いを発し、宇宙はその答えでわれわれの行動が法則に合っているかどうかを知らせる。法則違反が小さければ、反応も小さいか穏やかである。違反が大きければ、反応も幅広く、激しく、おそらく手荒になる。環境危機が普遍的であることが、違反の普遍性を物語っている。異議申し立てを受けているのは、物質主義の哲学――ないし形而上学――であり、異議申し立てをしているのは少数の聖者・聖人ではなく、環境なのである。歴史上、しかもどんな社会でも、聖者・聖人は物質主義を戒め、物事の優先順位をもっと現実に合わせよと説いてきた。その言葉はさまざま、シンボルもさまざまであるが、基本的なメッセージは常に一つ――今日の言葉でいえば優先順位を正しくせよ、であった。キリスト教の言葉では「まず神の国と神の義とを求めなさい。そうすれば、これらのもの（あなたも必要とする物的なもの）はすべて添えて与えられる」である。これらのものは、常にいわれているように、添えて与えられる――この地上で必要とするときに添えて与えられるのであって、想像を超えた来世で添えて与えられるのではない。

今日、この同じメッセージは宇宙自体から送られてきている。その言葉は公害、資源枯渇、神経障害、人口過剰という言葉であり、またテロ、大量虐殺、麻薬の常用等々の言葉でもある。物質主義的な哲学が解き放った破壊力は、さらに多くの資源――カネと教育と調査という――を公害と闘い、野生動物を保護し、新たなエネルギー資源を見つけだし、平和共存についてより効果的な協定をむすぶために動員しただけでは「抑制」できそうもない。これらのすべてが、今日もっとも必要なのは一切の努力が目指している目的を変えることだという事実を示している。このことは、物的なものにそれに相応しい正当な地位、つまり二次的で、第一義のものではない地位を与えるような生活様式をつくりあげるのがなによりも必要であることを意味している。資源を食いつぶす速度を落とし、あるいは人間とその環境の関係を調和させるのに成功するチャンスは、十分が善で、十分以上は悪だとする生活様式の思想が現れないかぎりは、訪れない。ここにこそ真の課題があり、技術がいかに巧みでもそれを避けて通れない。環境はその言葉でもってわれわれが道を踏みまちがえていること、そして誤った方向にずんずん進んだからといって道はひらけないことを告げている。「新たな価値」に応じた「道徳的選択」が求められる場合、それが近代世界の物質主義的な生活様式を克服し、ある堅固な道徳の教えを復活させることを意味しないかぎり、無意味である。

二十世紀の人間――前代のだれよりも物質的関心に引きずり回されている――が、かつてだれも見いださなかった新しい価値を見いだす役を演じなくてはならないとは、まず考えられない。そしてまた、キリスト教の伝統のなかの真理をわれわれが見いだせないとも思われない。実は、現代の苦境にそのまま当てはまる、四つの基本道徳という、非常に微妙で現実的な教えがあるのである。それを見てみよう。

　四つの基本道徳のラテン名――プルーデンティア（知恵）、ジュスティティア（正義）、フォルティテュード（勇気）、テンペランティア（節制）――は、これから派生した英語――プルーデンス、ジャスティス、フォーティテュードとテンペランス――とくらべて徳のより高い性質を表している。直ちにわかるのは、テンペランティア、つまり節制、規律、節度の徳は個人や環境における秩序を維持しまもるもので、これが近代世界において最も必要であり、かつ著しく欠けた徳だということである。「生活の上でよいものをより多く」手にいれることだと安易に考えられている、いわゆる物質的進歩への執着は際限がなく、したがってインテンペランティア（節制のなさ）のなによりの証明である。節制のなさがすぐに絶望に通じていること――しかし、昨今それを認める人がいるだろうか――は昔から知られている。それは、快楽と名声という人を満足させず、一時酔わせるだけなので、決して十分には達しないものを追い求めて、ますます重荷を背負うことを意味する。アンドレ・ジイドがかつていっている。「いくら飲んでも十分というところまで酔えないのが問題なのだ」。不安、絶望、残忍、醜悪、これらはまごうことのない節制のなさのしるしである。健康、温和、美と幸福が節制の果実であるのと同様に。

環境を論じようとするとき、人はキリスト教の昔の教えに心から耳を傾ける気があるのだろうか。無鉛ガソリン、バイオ化可能のプラスティック、有毒廃棄物の安全な処理、清浄な空気と水、騒音抑制などの議論で、生産的か少なくとも啓蒙的なことに時を費やしている際、美徳に関するこんな古めかしい説教をなぜ持ち出すのか。だが、われわれの問題の真の原因が節制のなさにある以上、自制ができず、自制という問題を学ぶ意欲もないとしたら、どうして公害や人口や資源消費の抑制を望めるのだろう。

しかしながら、節制はそれだけでは無意味なこともまったく正しい。昔の教えでは、それは基本道徳の第四番目に位置づけられていて、知恵こそが第一で、「徳の母」、つまり他のすべての徳目の根幹かつ母体とされている。知恵を欠けば、節制も勇気も正義も徳ではなくなるであろう。では、知恵とはなんだろう。それは近代世界をほとんど覆いつくしている、卑小でけちで計算高い心性ではなく、澄んだ目で心豊かに現実を認めること、である。そして、あらゆる利己的な利害を抑えることを求めるからこそ、これが「道徳的」完成なのである。この抑制による静けさがあってはじめて現実をあるがままに見る目が生まれる。キリスト教の古い教えでは、知恵の不偏性をなにか倫理的な中立として定義することはない。むしろ、知恵という基本道徳が前提とするのは、人が全身全霊で生の究極の目標に向かうことである。ある著者が最近書いているように「目標は現在だ。善を尚《たっと》び善を実現すべきだということを知らぬ人はいない……また、正しく、勇気と節度をもつべきだとわざわざ教える必要のある人はいない」

ここでまた疑問が湧いてきて注意をひく。以上述べたことは環境とどういうかかわりがあるのか。答えは、われわれと自然との関係全部とかかわりがある、ということである。現在自然の健康と生命を支える力が人間によって脅かされている、と自然がその言葉で語っているとしたら、明らかにわれわれに知恵の徳がなく、自然をあるがままに見ることができていないことになる。キリスト教の古い教えでは、人を愚かにし、知恵を失わせるうえで貪欲と妬《ねた》み以上に強力なものはない。

われわれは、貪欲を満たし妬みを鎮めるために環境を鞭打《むちう》っているが、それは正義の問題と取り組むことができず、それを避けようとするからでもある。「経済成長を押し進め、だれもがいい暮らしができるときに、なぜ分配の正義に心を煩わせるのか」とよくいわれる。ところが、今やわれわれはこうした経済成長には限界があることに気づきはじめたのであり、このことは正義の問題をもはや避けるわけにはいかないことを意味している。正義の問題は採算によって決着のつく問題であろうか、それとも究極の目標を意識した人々が学び、実践する徳目であろうか。キリスト教の古い教えは、正義を勇気、節制より上の、第二の基本道徳と位置づけているが、これはトマス・アクィナスがいったように、人の心に秩序をあたえるだけではなく、人間の共同生活を秩序づけるからでもある。

人間の共同生活を考慮にいれずに環境を論じるのは無益であるばかりか、不可能なことなのである。次のようにいえる。すべての社会、社会システムは、それに値する環境をつくりだす。私は先に人間の生活全体を社会システムとその環境の間の対話と呼ぶことができ、もし社会システムが現実に合わないならば、環境は病むことによってしっぺ返しをしているのだと示唆した。環境に問題を起こしているのは、われわれの社会システムが知恵、正義、勇気、節制の基本道徳を無視しただけではなく、進んでないがしろにしているからなのである。したがって、当然のこととして多くの人が別な社会システムを声高に求めている――彼らは間違いなく今日の問題を「解決する」ためにより多くの科学・技術調査を求める人々よりも、洞察力がある。ただ、社会システムが環境をつくるように、われわれの基本的な哲学が社会システムを形づくっている点も強調しなくてはならない。この哲学が変わらないかぎり、システムの根本は変わりえない――権力や富の分配の点とか構造や行政のやり方の点とかでいかに大きな変革がおこなわれようとも、である。

貪欲と妬みという悪の力と戦うには、それを攻めるとともに耐えることが必要で、それをするのが勇気という基本道徳のはたらきである。「科学がすべての問題を解決する」とかだれもが善人である必要のないほど完璧な社会・政治制度をなんらかの方法で完成させることができるといった気楽な楽観主義は、怯懦《きょうだ》[1]のもっとも今日的な姿である。問題から目を逸《そ》らすまい。「新たな価値」がなにであり、またどうしたら身につけられるかを決めないで、それを求めるのは安易にすぎる。価値は、それを実践してはじめて実現される。今日、われわれ一人一人の日常の行動を変えないかぎり、物事を少しも改善することはできない、という主張をするだけにも勇気がいる。

御言を行う人になりなさい。おのれを欺いて、ただ聞くだけの者となってはいけない。御言を聞くだけで行わない人は、ちょうど自分の生れつきの顔を鏡に映して見る人のようである。彼は自分を映して見てそこから立ち去ると、そのとたんに、自分の姿がどんなであったかを忘れてしまう（新約聖書「ヤコブの手紙」一・二二―二四）。

環境危機はこの鏡であり、われわれがどんなあり方の人間であるかを示してくれる。そして、四つの基本道徳というキリスト教の偉大な教えはわれわれがどんなあり方の人間でありうるか、あるべきかを示している。この教えには、感傷のかけらも敬虔《けいけん》主義ないしは生を否定する潔癖性もない。歓楽の原理も歓楽を不信の目でみたり、毛嫌いする原理も同様にそれとは無縁である。

かたや健全な環境の維持と、片や経済成長との間には基本的対立があるというのが今日の定説の一部となっている。その結果、環境の悪化を憂える人々は、「中産階級のエリート」だとか「ブルジョア搾取者」だとか、現代論争事典から引いた、ありとあらゆる政治的悪罵《あくば》でもっていつも非難される。同時に第三世界の代弁者は、絶望的な低生活水準を上げる代償として喜んで公害の増大分の取引をしたいと明言している。ガンジー夫人は「人間の経済的な貧窮こそが最大の公害だ」と断言している。

この断言には真理が少しある。主に資本主義的企業の影響で全世界に根を下ろしたこの経済成長は、環境にきわめて大きな損害を与えているので、人は次のようにいってもよい。すなわち、この路線に沿って成長を進めてゆくと、人類の生き残りと両立しないだろう。そこで、もし保全論者の主たる動機が、第三世界がわれわれの模倣に成功した暁《あかつき》には自らの高い生活水準に起こるかもしれないことへの惧《おそ》れであるとすれば、彼らをエリート主義者とか搾取者として一蹴《いっしゅう》できる。密猟者は信頼できる猟場管理人ではない。そのうえ、人間の貧窮という「公害」は物的環境の汚染よりはるかにひどいことも確かである。ただし、貧窮と戦うとかならず公害を増大させるというのは正しくない。

問題は、現代世界の経済システムが、人間にとっての真の必要という観点からみると、想像できないくらい浪費的だということにある。このシステムは、世界――人間の生存基盤そのもの――を呑みこんでしまう一方で、大多数の人々を悲惨な状態に放置している。人類史上、代替不能の資源の投入と人間としての満足という産出との関係が今日ほど変調を来《きた》しているシステムはかつてなかったといってよい。宇宙船地球号の健全さと両立できないのは、このシステム（近代世界の生活様式）そのものであって、システムのいっそうの成長と発展だけではない。

経済の高度成長に代えるにゼロ成長、つまり組織された停滞をもってするのは、一つの空虚を別の空虚で埋めるようなものである。一切を（限度ぎりぎりまで）純然たる量に還元し、質的な違いを組織的に無視し、その後で量の安定化を図ろうとする生活様式に固執していては、環境は救えない。その試みは失敗するに決まっており、混乱を広げ、貪欲と妬《ねた》みを増長させ、あげくは不公正の犠牲者を絶望の淵に立たせるだけである。

賢い教えが広まることを期待しよう。その教えとは、キリスト教の古い徳の再発見の道であり、その教えを教育努力の隅々にまで浸透させることであり、生産と生産性の論理を真実の人間的必要と欲求という、より高次の論理に従わせることを学ぶことであり、純粋に物質的なものを超えて広がる世界のなかで、物事の適正な規模、適正な簡易さと適正な地位と機能を再発見することであり、人間同士の間だけではなく、人間と命ある自然の間の関係にも非暴力の原則を適用することを学ぶことなのである。

訳注

〔1〕これはガンジーがつねづね批判していた点である。『スモール・イズ・ビューティフル』第一部第二章参照。

4　私の信じるもの

自分の信条について語るのは簡単ではない。それは生涯の長い期間、今抱いている信条を知的な幼稚さか老いぼれのしるしとみなしていたことが記憶に焼きついているからである。この態度は、むろん若気の傲慢《ごうまん》と解釈していいが、傲慢だとは感じていなかった。思うに、ニュートンが自分の新理論は旧来のどの理論よりも真理にちかいと主張したとき、傲慢とは感じなかったろう。いや、人類は有効な知識を手に入れる唯一の方法――科学的方法をついに発見したので、科学以前の信仰や信条に固執している人はまさに時代遅れで、軽蔑という より憐憫《れんびん》の対象であると私が考えたのは、傲慢からではなかったと思う。

私は近代のこの驚くべき発見である科学的方法が、期待に十分答えたとは片時も考えなかった。しかし、いずれは答えるであろうと確信したが、ただ知識人が宗教的な世迷言《よまいごと》に時間を空費しつづけないことがその前提である。もちろん、われわれの知識は不完全であるが、全能者を呼びだしたり、啓示を仰いだり、どんなものであれ形而上学的思弁に耽ったりしてこの不完全さを埋められると考える理由はない。

では、今の考えはどうか。今は見ても見ず、聞いても聞かず、悟らなかったのだ[1]と信じている。この変化を説明するものはなんだろうか。なにか劇的な回心が起こったとはいえない。また、私の精神能力が急に落ちたとか、しだいに衰えてきたのではないかと恐れたり、疑ったりする理由もなかった。そうではなくて、ある人[2]が私に向かって一日十五分、一定の弛緩・集中の体操をすれば、健康と幸福を大いに増進させることができるというヒントを与えてくれ――それを説明してくれたからである。

一日に十五分とは二十四時間の一パーセントである！　これは約束されたものの代価として、または約束がまったく反古《ほご》になった場合の損失として、過大とは思われない。やってみよう。

以来すべてが変わりはじめた。長年まるきり無意味だったことが意味を語りはじめた――まるでだれかが「開け、ごま！」といったようであった。たとえば、以下の文章。

しかし、わたしが立てる契約はこれである。わたしは、わたしの律法を彼らのうちに置き、その心にしるす……

人はもはや、おのおのその隣を……に教えて……とはいわない……

それは、彼らが小より大に至るまで皆わたしを知るようになるから[3]……

このような言葉は、「律法」を置くべき「うち」や、律法を書きこむべき「心」についてなにもわかっていないとき、どうして理解できようか。私の生活様式では、私がこうした

「うち」を発見することができなかった。いわんや書きこまれたのがなにかには気づくことなど思いもよらなかった。

幸いなことに、ある程度の「うち」の静けさをたもつちょっとした実践――よしんばそれが取りあえず一日十五分だけだとしても――は、こうした未知の発見に導いてくれた。ガイガーカウンターのように、「うち」は反応し、私の精神が真実のもの――それをなんと呼んだらいいのだろうか――、「真理」に触れるやいなや、燃えはじめた。その真理とは次の言葉にある真理である。

あなたがたは真理を知るであろう
そして真理は、あなたがたに自由を得させるであろう〔4〕

私はそれまでそのような真理を知らなかった。私は、イエスが真理の証人になることが仕事だと語ったのに対して、肩をすくめて「真理とはなんのことですか」と問うたポンテオ・ピラトに同感だった。私はイエスがわれわれのなかに、われわれの「うち」――その「存在」に長年の間私はまったく無知であった――に「住む」と約束されたことを今思いだした。

真理が宿る心をもつ、うちなるはたらきこそ、まさに驚くべきものである。それはなにが真理――人に自由を得させる真理――であるか否かを、時には私の理性がそれがなぜ真理たりうるかを納得するよりずっと前に、知らせてくれる。そこで私はその真理が理に適《かな》っていると納得するまで苦労しなくてはならないかもしれない。逆に、私の理性が冷たくよそよそしい態度で紡《つむ》ぐ、もっともらしく一見反対できない議論にしばしば出くわし、またもや自分の理性の議論にひそむ欠点を見いだすまで苦労しなければならないかもしれない。

私はまた今では、イエスがいつまでもわれわれと共におられる「助け主」、すなわち真理の御霊について語るときになにを意味しているのかも理解している。

あなたがたはこの霊を知っている。この霊があなたがたと共におり、これからも、あなたがたの内にいるからである。[5]

助け主はいつでも心地よいことを言ってくれるわけではない。しかし、一生を通じて行くべき道を選択し、真と偽とを判断する恐ろしい業のなかで助けてもらえるのは、無上の慰めである。むろん、正確か不正確かを判断するという意味ではない。これは助け手のいない理性を駆使して精一杯努めなくてはならない。私が意味しているのは、われわれが逃れられない問題、それに関して知らない、わからない唯一の問題――いかに生きるかという問題にかかわる、真と偽との区別である。

人生いかに生きるべきかは、まず人間をどう考えるかに左右されるのは明らかである。結局、たとえば「裸のサル」の行動様式は次の者とは当然異なるだろう。

選ばれた民、王の系統を引く祭司、聖なる国民〔6〕

では、われわれは何者だろうか――裸のサルか、それとも神となる力を与えられた民であるのか。〔7〕

人間が裸のサル――心を知らない進化の所産――にすぎないという考えに魅力を感じる時期が私には確かにある。なんの義務も負わず、ただ自分の本能の命じるところに身を任せて流され、物事を気楽に受けとり、安楽に暮らす――必要とあれば他人を犠牲にしてでも――そのことがいけない道理があろうか。困ったのは、私の「うち」がそれに「よろしい」といってくれないことである。「助け主」は明らかに安楽にあまり興味がない。

裸のサルという考えには、べつだん独創的、難解で不自然なものはない。どの宗教もそれを承知しているが、人類は動物より無限に高い地位にあると説いている。「人間の身を受けることは難しい〔8〕」と仏教徒はいう。そして、イエスは人間が母親の胎内から生まれるだけではなく、「霊をもって」、天から生まれるのだと告げている。人間の尊厳はこの高い地位に由来するものであり、だからこそ地位の高い者には義務があるのである。この義務を引き受けないかぎり、人は人間の尊厳に敬意を要求できない。

地位の高い者には義務がある。人間の気高さからくる義務がなにかは、多くの聖書や経典に示されている。偉大な喩《たと》えの一つでイエスが王にいわせた次の言葉以上に明白に理解できるものは私にはない。

あなたがたは、わたしが空腹のときに食べさせず、
かわいていたときに飲ませず、
旅人であったときに宿を貸さず、
裸であったときに着せず、
また病気のときや、獄にいたときにわたしを尋ねてくれなかった。

人々がそのような状態の王を見たことはないと告げたとき、王は答えた。

あなたがたによく言っておく。これらの最も小さい者のひとりにしなかったのは、すなわちわたしにしなかったのである。[9]

このことを「真理」の声と認めうる人には、これ以上に明らかなことはない。長年の間、私はそれを感傷の叫びか詩、ないしは身勝手な考えと見ていた。しかし、今は私の内面の「助け主」がこれこそ真理なのだと主張する――そしてそこで私にまさにとてつもない問題を突きつける。それは、一体どうしたら飢えた人に食を与え、裸の人に着物を着せられるだろうか、という問題である。そういう人が何億人もいるのである。そうだ、イエスは「汝の心を煩わせるな、恐れるな」といっている。そしてまた、次のようにもいわれる。われわれは、自分の能力が少ないか多いかとは関係なく、それを使うよう期待されており、自分だけのために生き働くだけでなく、他の被造物にも同胞の中のもっともつまらぬものにも役立つように、余剰を生みだすかぎり「よき、忠実な僕」とみなされること――そしてまた「わたしのくびきは負いやすく、わたしの荷は軽い」と教えられる。[10] 私はこれがみな正しいと信じている。

訳注

〔1〕 新約聖書 マタイによる福音書 一三・一三。

〔2〕 このある人は、ジョン・G・ベネットと思われる。また、十五分とあるのはグルジェフのワーク（瞑想）のことであろう。『わが父シューマッハー』第十六章参照。

〔3〕旧約聖書 エレミア書 三一・三一―三四。
〔4〕新約聖書 ヨハネによる福音書 八・三二。
〔5〕同右 一四・一七。
〔6〕同右 ペトロの第一の手紙 二・九。
〔7〕同右 ヨハネによる福音書 一・一二。
〔8〕『真理のことば』(法句経) 中村元訳、岩波文庫。
〔9〕新約聖書 マタイによる福音書 二五・四二―四五。
〔10〕同右 一一・三〇。

訳者あとがき

E・F・シューマッハーの著作は一九七三年刊行の『スモール・イズ・ビューティフル』と一九七七年にでた『ア・ガイド・フォア・ザ・パープレックスト』(邦訳『混迷の時代を超えて』小島慶三、斎藤志郎訳)であり、没後講演をもとに編まれた『グッド・ワーク』(邦訳『宴のあとの経済学』長洲一二監訳、伊藤拓一訳)がこれに付け加えられた。

一九五〇年以来、シューマッハーは多忙な実務の世界にあったが、機会ある度に、また需《もと》めに応じて論文をものし、世界の各地で公開講演をおこない、さらには大学の講壇にも立った。とりわけ講演の要望は年を追って増え、序言の筆者(長男の夫人)が記しているように、急逝したのはスイスへの講演旅行からの帰途であった。

こうした論文、講演・講義の草稿は、シューマッハーの書斎に山をなしていたと、長女で彼の伝記(拙訳『わが父シューマッハー』)を著したバーバラ・ウッド夫人は述べ、いずれそれをなんらかの形で公刊したいとも語っていた。それに先がけて、定期的にシューマッハーが隔月誌「リサージェンス」に寄稿していた論文から選んだアンソロジーが、一九九七年に出版された。それがここに訳出した「This I Believe and other essays」である。こうして、シューマッハーの作品がまた一つ世にでて、発展途上国での実践に裏づけられた、彼の透徹した卓抜な思想に読者が改めて触れ、そこから刺激を受け、時代の困難に立ち向かう知恵と勇気を与えられることを訳者として心から望みたい。

ここに訳出した論文は、巻末に掲げたリストからわかるように、一九六六年から一九七七年にわたる十一年間に寄稿されたもので、今から二十年、三十年も前のものだ。しかし、序言の筆者のいっているように、一読してそんな感じをまったく受けない。それほどシューマッハーの言説は今日的なのである。いや、今日を超えて、さらに先を見透かしていると評したほうがよいだろう。

『スモール・イズ・ビューティフル』のハードカバーの邦訳がでたのが一九七六年（文庫版「拙訳」は一九八六年刊）と、これまた二十年以上も前で、文庫版にかぎってみても発刊後版を重ねて昨年末二十二版に及んでいる。ある大学の図書館を訪ねたところ、本は手垢に汚れていて、読者の数の多いことを思わせた。また、『スモール・イズ・ビューティフル』を読んで感銘をうけたという若い学生の訪問も受けた。別の大学では、長年続けている原書講読会でこの本が参加者にもっとも深い印象を与えた一つだとも聞いた。その姉妹本として、本訳書をぜひそういう読者に読んでもらいたいものだ。

第二章の1「仏教経済学」と2「新しい経済学を」は、『スモール・イズ・ビューティフル』の第一部第四章「仏教経済学」と第五章「規模の問題」と重複している。仏教経済学の方はほとんどそのまま、規模の問題の方には一部異同がある。この二編を本書にあえてとりいれたのは、内容がシューマッハー思想の根幹をなしているからで、訳者としてまったく同意できる。これ以外に、『グッド・ワーク』と重複している箇所もある。本書は『スモール・イズ・ビューティフル』よりも論述対象の範囲が広く、その分、彼の思想をふかく理解することができるだろう。

最後に、本書を訳者に贈ってくだされたうえ、キリスト教関連の質問についてご教示賜ったウッド夫人に心から感謝申しあげる。また、『宴のあとの経済学』を参考にさせていただいたので、訳者の伊藤拓一氏にも謝意を表したい。もとより、訳文には誤訳、不適訳があろうかと思われるので、読者のご批正をおねがいしたい。

訳　者

二〇〇〇年四月

I 1	The Party is Over	Vol.6 No. 4 Sept-Oct 1975
	[What Kind of India	Vol.6 No. 5 Nov-Dec 1975]
VII4	This I Believe···	Vol.7 No. 1 Mar-Apr 1976
	[The Turn of the Tree	Vol.7 No. 2 May-June 1976]
VII2	Asia Undermined	Vol.7 No. 3 July-Aug 1976
IV2	Technology and Political Change	Vol.7 No. 4 Sept-Oct 1976
I 2	End of an Era	Vol.7 No. 5 Nov-Dec 1976
VIII1	The Roots of Violence	Vol.7 No. 6 Jan-Feb 1977
	[Science with Soul	Vol.8 No. 1 Mar-Apr 1977]
	[City Patterns	Vol.8 No. 2 May-June 1977]
	[Independence & Economic Development	Vol.8 No. 3 July-Aug 1977]
III2	Public Funds for Voluntary Work	Vol.8 No. 4 Sept-Oct 1977

「リサージェンス」掲載論文

(括弧のついているのは本書に掲載されていない論文,左の数字は章・節を示す)

V2	Industrialisation through Intermediate Technology	
		Vol.1 No. 2 July-Aug 1966
	[Industrial Society	Vol.1 No. 3 Sept-Oct 1966]
	[The Economics of Intermediate Technology	
		Vol.1 No. 7 May-June 1966]
V3	Man Need not Starve	Vol.1 No.10 Nov-Dec 1967
II1	Buddhist Economics	Vol.1 No.11 Jan-Feb 1968
II2	The New Economics	Vol.2 No. 3 Sept-Oct 1968
IV1	Industry & Morals	Vol.2 No. 5 Jan-Feb 1969
VI2	The Use of Land	Vol.2 No. 7 May-June 1969
V1	Healthy Development	Vol.2 No.8/9 July-Oct 1969
	[The Economics of Permanence	Vol.3 No. 1 May-June 1970]
	[Modern Industry in the Light of the Gospel	
		Vol.3 No. 6 Mar-Apr 1971]
	[Christian Responsibility in the Present Economic and	
	Inflationary Crisis	Vol.3 No. 7 May-June 1971]
	[Numbers or Activities	Vol.4 No. 5 Nov-Dec 1973]
	[Small, Simple and Non-violent	Vol.4 No. 6 Jan-Feb 1974]
	[Education for Leisure and Wholesome work	
		Vol.5 No. 1 Mar-Apr 1974]
III1	Insane Work Cannot Produce a Sane Society	
		Vol.5 No. 2 May-June 1974
IV3	Western Europe's Energy Crisis	Vol.5 No. 3 July-Aug 1974
VI3	How to Abolish Land Speculation	
		Vol.5 No. 4 Sept-Oct 1974
VII3	Message from the Universe	Vol.5 No. 5 Nov-Dec 1974
VI1	No Future for Megapolis	Vol.5 No. 6 Jan-Feb 1975
III3	Conscious Culture of Poverty	Vol.6 No. 1 Mar-Apr 1975
	[On Inflation	Vol.6 No. 2 May-June 1975]
II3	The Critical Question of Size	Vol.6 No. 3 July-Aug 1975

E. F. シューマッハー
(Ernst Friedrich Schumacher)
1911年ボン生まれの経済学者。オックスフォード大学に学ぶ。戦後英国に帰化。英国石炭公社顧問として早くから石油危機を予言した。1977年没。

酒井　懋（さかい　つとむ）
1928年東京都生まれ。東京銀行入行，ロンドン支店勤務などを経て企画室参事役，調査部長歴任，1983年退職。共訳書に『スモール　イズ　ビューティフル』，訳書にバーバラ・ウッド『わが父シューマッハー，その思想と生涯』がある。

講談社学術文庫

定価はカバーに表示してあります。

スモール イズ ビューティフル再論《さいろん》

E. F. シューマッハー／酒井《さかい》　懋《つとむ》 訳

2000年4月10日　第1刷発行
2021年3月23日　第12刷発行

発行者　渡瀬昌彦
発行所　株式会社講談社
東京都文京区音羽 2-12-21 〒112-8001
電話　編集（03）5395-3512
販売（03）5395-4415
業務（03）5395-3615

装　幀　蟹江征治
印　刷　株式会社廣済堂
製　本　株式会社国宝社

ISBN4-06-159425-7

「講談社学術文庫」の刊行に当たって

これは、学術をポケットに入れることをモットーとして生まれた文庫である。学術は少年の心を養い、成年の心を満たす。その学術がポケットにはいる形で、万人のものになることは、生涯教育をうたう現代の理想である。

こうした考え方は、学術を巨大な城のように見る世間の常識に反するかもしれない。また、一部の人たちからは、学術の権威をおとすものと非難されるかもしれない。しかし、それはいずれも学術の新しい在り方を解しないものといわざるをえない。

学術は、まず魔術への挑戦から始まった。やがて、いわゆる常識をつぎつぎに改めていった。学術の権威は、幾百年、幾千年にわたる、苦しい戦いの成果である。こうしてきずきあげられた城が、一見して近づきがたいものにうつるのは、そのためである。しかし、学術の権威を、その形の上だけで判断してはならない。その生成のあとをかえりみれば、その根は常に人々の生活の中にあった。学術が大きな力たりうるのはそのためであって、生活をはなれた学術は、どこにもない。

開かれた社会といわれる現代にとって、これはまったく自明である。生活と学術との間に、もし距離があるとすれば、何をおいてもこれを埋めねばならない。もしこの距離が形の上の迷信からきているとすれば、その迷信をうち破らねばならぬ。

学術文庫は、内外の迷信を打破し、学術のために新しい天地をひらく意図をもって生まれた。文庫という小さい形と、学術という壮大な城とが、完全に両立するためには、なおいくらかの時を必要とするであろう。しかし、学術をポケットにした社会が、人間の生活にとってより豊かな社会であることは、たしかである。そうした社会の実現のために、文庫の世界に新しいジャンルを加えることができれば幸いである。

一九七六年六月

野間省一

政治・経済・社会

アダム・スミス 自由主義とは何か
水田　洋著
自由主義経済の父A・スミスの思想と生涯。英国の資本主義勃興期に「見えざる手」による導きを唱え、経済学の始祖となったA・スミス。その人生と主著『国富論』や『道徳感情論』誕生の背景と思想に迫る。
1280

スモール イズ ビューティフル再論
E・F・シューマッハー著／酒井　懋《つとむ》訳
人間中心の経済学を唱えた著者独特の随筆集。ベストセラー『スモール イズ ビューティフル』以後に雑誌に発表された論文をまとめたもの。人類にとって本当の幸福とは何かを考察し、物質主義を徹底批判する。
1425

恋愛と贅沢と資本主義
ヴェルナー・ゾンバルト著／金森誠也訳
資本主義はいかなる要因で成立・発展したか。著者はかつてM・ウェーバーと並び称された経済史家。「贅沢こそが資本主義の生みの親の一人であり、人々を贅沢へと向かわせたのは女性」と断じたユニークな論考。
1440

プラトンの呪縛
佐々木　毅著
理想国家の提唱者か、全体主義の擁護者か。西欧思想の定立者・プラトンをめぐる論戦を通して、二十世紀の哲学と政治思想の潮流を検証し、現代社会に警鐘を鳴らす注目作。和辻哲郎文化賞、読売論壇賞受賞。
1465

現代政治学入門
バーナード・クリック著／添谷育志・金田耕一訳（解説・藤原帰一）
「政治不在」の時代に追究する、政治の根源。政治は何をなしうるか。我々は政治に何をなしうるか。そして政治とは何か。現代社会の基本教養・政治学の最良の入門書として英国で定評を得る一冊、待望の文庫化。
1604

君主論
ニッコロ・マキアヴェッリ著／佐々木　毅全訳注
大文字版
近代政治学の名著を平易に全訳した大文字版。乱世のルネサンス期、フィレンツェの外交官として活躍したマキアヴェッリ。その代表作『君主論』を第一人者が全訳し、権力の獲得と維持、喪失の原因を探る。
1689

政治・経済・社会

経済学の歴史
根井雅弘著

スミス以降、経済学を築いた人と思想の全貌。創始者のケネー、スミスからマルクスを経てケインズ、シュンペーター、ガルブレイスに至る十二人の経済学者の生涯と理論を解説。珠玉の思想と哲学を発掘する力作。

1700

比較制度分析序説　経済システムの進化と多元性
青木昌彦著

普遍的な経済システムはありえない。アメリカ型モデルはどう進化していくか。日本はどう「変革」すべきか。制度や企業組織の多元性から経済利益を生み出すための「多様性の経済学」を、第一人者が解説する。

1930

世界大恐慌　1929年に何がおこったか
秋元英一著（解説・林　敏彦）

一九二九年、ニューヨーク株式市場の大暴落から始まった世界的大恐慌。株価は七分の一に下落、銀行倒産六千件、失業者一千万人。難解な専門用語や数式を用いず、庶民の目に映った米国の経済破綻と混乱を再現。

1935

タテ社会の力学
中根千枝著

不朽の日本人論『タテ社会の人間関係』で「タテ社会」というモデルを提示した著者が、全人格的参加、無差別平等主義、儀礼的序列、とりまきの構造等の事例から日本社会のネットワークを描き出した社会学の名著。

1956

シチリア・マフィアの世界
藤澤房俊著（解説・武谷なおみ）

名誉、沈黙、民衆運動、ファシズム……。大土地所有制下、十八世紀に台頭した農村ブルジョア層は、暴力と脅迫でイタリア近・現代政治を支配した。過酷な風土と圧政が育んだ謎の組織の誕生と発展の歴史を辿る。

1965

戦争と資本主義
ヴェルナー・ゾンバルト著／金森誠也訳

軍需による財政拡大は資本形成を促し、武器の近代化は産業の成長をもたらす。戦争なくして資本主義はなかった——。近代軍隊の発生から十八世紀末にかけて、戦争が育んだ資本主義経済の実像を鋭く論究する。

1997

人生・教育

村井　実全訳・解説

アメリカ教育使節団報告書

戦後日本に民主主義を導入した決定的文献。臣民教育を否定し、戦後の我が国の民主主義教育を創出した不朽の原典。本書は、「戦後」を考え、今日の教育問題を考える際の第一級の現代史資料である。

253

小堀桂一郎訳・解説

森鷗外の『智恵袋』

文豪鷗外の著わした人生智にあふれる箴言集。世間へ船出する若者の心得、逆境での身の処し方、朋友・異性との交際法など、人生百般の実践的な教訓を満載。鷗外研究の第一人者による格調高い口語訳付き。

523

サミュエル・スマイルズ著／中村正直訳（解説・渡部昇一）

西国立志編《さいこくりっしへん》

原著『自助論』は、世界十数ヵ国語に訳されたベストセラーの書。「天は自ら助くる者を助く」という精神を思想的根幹とした、三百余人の成功立志談。福沢諭吉の『学問のすゝめ』と並ぶ明治の二大啓蒙書の一つ。

527

新渡戸《にとべ》稲造《いなぞう》著（解説・佐藤全弘）

自警録《じけいろく》　心のもちかた

日本を代表する教育者であり国際人であった新渡戸稲造が、若い読者に人生の要諦を語りかける。人生の妙味はどこにあるか、広く世を渡る心がけは何か、全力主義は正しいのかなど、処世の指針を与える。

567

貝原益軒著／伊藤友信訳

養生訓《ようじょうくん》　全現代語訳

大儒益軒は八十三歳でまだ一本も歯が脱けていなかった。その全体験から、庶民のために日常の健康、飲食飲酒色欲洗浴用薬幼育養老鍼灸など、四百七十項に分けて、嚙んで含めるように述べた養生の百科である。

577

小泉信三著（解説・阿川弘之）

平生《へいぜい》の心がけ

慶応義塾塾長を務め、「小泉先生」と誰からも敬愛された著者の平明にして力強い人生論。「知識と智慧」など日常の心支度を説いたものを始め、実際有用の助言に富む。一代の碩学が説く味わい深い人生の心得集。

852